Carmelo Assenza

L'isola della fiction

"Agrodolce": il sapore della Sicilia nella soap

Edizioni Accademiche Italiane

Impressum / Stampa

Bibliografische Information der Deutschen Nationalbibliothek: Die Deutsche Nationalbibliothek verzeichnet diese Publikation in der Deutschen Nationalbibliografie; detaillierte bibliografische Daten sind im Internet über http://dnb.d-nb.de abrufbar. Alle in diesem Buch genannten Marken und Produktnamen unterliegen warenzeichen-, marken- oder patentrechtlichem Schutz bzw. sind Warenzeichen oder eingetragene Warenzeichen der jeweiligen Inhaber. Die Wiedergabe von Marken, Produktnamen, Gebrauchsnamen, Handelsnamen, Warenbezeichnungen u.s.w. in diesem Werk berechtigt auch ohne besondere Kennzeichnung nicht zu der Annahme, dass solche Namen im Sinne der Warenzeichen- und Markenschutzgesetzgebung als frei zu betrachten wären und daher von jedermann benutzt werden dürften.

Informazione bibliografica pubblicata da Deutsche Nationalbibliothek (Biblioteca Nazionale Tedesca): la Deutsche Nationalbibliothek novera questa pubblicazione su Deutsche Nationalbibliografie. Dati bibliografici più dettagliati sono disponibili in internet al sito web http://dnb.d-nb.de. Tutti i nomi di marchi e di prodotti riportati in questo libro sono protetti dalla normativa sul diritto d'Autore e dalla normativa a tutela dei marchi. Questi appartengono esclusivamente ai legittimi proprietari. L'uso di nomi di marchi, di nomi di prodotti, di nomi famosi, di nomi commerciali, di descrizioni dei prodotti, ecc. anche se trovati senza un particolare contrassegno in queste pubblicazioni, sono considerati violazione del diritto d'autore e pertanto non possono essere utilizzati da chiunque.

Coverbild / Immagine di copertina: www.ingimage.com

Verlag / Editore:
Edizioni Accademiche Italiane
ist ein Imprint der / è un marchio di
OmniScriptum GmbH & Co. KG
Heinrich-Böcking-Str. 6-8, 66121 Saarbrücken, Deutschland / Germania
Email / Posta Elettronica: info@edizioni-ai.com

Herstellung: siehe letzte Seite /
Pubblicato: vedi ultima pagina
ISBN: 978-3-639-60946-2

Carmelo Assenza

L'isola della fiction
Agrodolce: il sapore della Sicilia nella soap

"Come ve la racconto questa terra?
Con il Gattopardo? Coi Padrini?
Con le minchie, i cannoli, i fiaschi di vino?
Con le femmine vestite sempre di nero?"

Gilberto Idonea in *La finestra*,
di Felice Cavallaro e Filippo D'Arpa

Introduzione

All'indomani del superamento del mio ultimo esame per il corso di laurea specialistica in *Cinema, Teatro e Produzione multimediale* mi si era presentata l'occasione di svolgere la mansione di assistente alla regia sul set di *Agrodolce*, la soap-opera in onda su Raitre dall'8 settembre 2008 al 24 luglio 2009, prodotta da RaiFiction (in collaborazione con RaiEducational) e dalla Regione Sicilia assieme ad Einstein Multimedia nei MedStudios di Termini Imerese (PA). Alla fine di questa esperienza, con cui il curriculum accademico aveva trovato anche un riscontro pratico, mi sembrò quasi naturale avvertire il desiderio di concludere il mio percorso di studi con una Tesi di laurea su questo prodotto audiovisivo che, pur collocabile all'interno del segmento soap, si posiziona più correttamente nel più ampio panorama della fiction televisiva di qualità.

Il presente volume, che di quella Tesi è lo sviluppo, si propone di indagare le novità apportate al genere di riferimento dalla cosiddetta soap "made in Sicily" e dimostrare come le peculiarità di *Agrodolce* abbiano segnato una vera e propria rivoluzione dei canoni realizzativi della soap-opera.

In questo senso, l'elemento di innovazione più evidente è la netta preponderanza degli esterni rispetto alle scene girate in interni (sempre predominanti per comodità in una soap), in virtù di una linea editoriale che accorda al paesaggio una rilevanza sconosciuta ai prodotti destinati alla lunga serialità televisiva. Unica eccezione degna di nota è la serie *Il commissario Montalbano*, per la regia di Alberto Sironi, tratta dai romanzi di

Andrea Camilleri (anch'essa girata in Sicilia) che dal 1999, in quasi quattordici anni di produzioni e ventisei episodi, ha esplorato in lungo e in largo la provincia di Ragusa, facendo delle città, delle spiagge, delle campagne e delle ville dell'area iblea il più famoso set all'aperto d'Italia. La bellezza delle ambientazioni e la loro recente popolarità presso il grande pubblico televisivo erano già state oggetto del mio documentario *Iblei, una Cinecittà dietro casa. I luoghi che ritornano*, realizzato come Prova finale per la laurea triennale in *Cinema, Musica, Teatro*. Quando mi sembrò di rilevare anche in *Agrodolce* la medesima attenzione che *Montalbano* aveva riservato al paesaggio siciliano, il confronto tra le due diverse produzioni mi venne spontaneo. Era infatti possibile rilevare alcuni punti di contatto che potevano offrire uno spunto di partenza interessante: innanzitutto, entrambe girate in Sicilia; poi, entrambe produzioni della RAI; entrambe destinate alla televisione; entrambe inserite in un progetto di serialità, sebbene *Agrodolce* abbia una cadenza a puntate giornaliere e *Montalbano* ritorni invece ogni stagione con due o quattro episodi al massimo.

Peraltro, sin dalla prima puntata dell'8 settembre 2008, nelle sigle di apertura e di chiusura di *Agrodolce* risultò evidente un rimando ancora più immediato alla cinematografia siciliana (cfr. I.II.4). I titoli di testa ci mostrano infatti gli abitanti di un borgo marinaro che si raccolgono attorno al molo per assistere a una proiezione all'aperto, che appare come una citazione del *Nuovo cinema Paradiso* (1988) di Giuseppe Tornatore e un omaggio al maestro della vicina Bagheria. I titoli di coda scorrono invece sulle riprese aeree della baia di Santa Nicolicchia, principale location esterna della serie; il richiamo forte è stavolta a *Kaos* (1984) dei Taviani e al volo del corvo che apre il film. Le sue soggettive, realizzate da Folco Quilici, sorvolano dall'interno fino al mare una Sicilia aspra e arida, dando avvio, a ogni sosta del corvo, a una nuova novella di Pirandello e a un nuovo episodio del film, nato in una duplice versione per il cinema e, anch'esso, per la televisione (Raiuno).

Ma le immagini dall'alto sono anche quelle con cui *Il commissario Montalbano* ci presenta l'immaginaria città di Vigata, mostrandoci le vedute aeree di piazze, strade, palazzi e monumenti appartenenti nella realtà ad almeno cinque differenti centri della provincia di Ragusa.

E se "i turisti che cercano questa Vigata non la trovano" perché - come mi spiegò una volta Sironi - "abbiamo costruito una città-Arlecchino: è una città fatta di pezzetti",[1] ecco che invece Lumera, il centro di tutte le storie di *Agrodolce*, vista dall'alto, si mostra per quello che è: una baia raccolta attorno a un porticciolo. Ad ampliare questa città di fantasia che schiera le case dei protagonisti a ridosso del golfetto di Santa Nicolicchia, si aggiunge poi una serie di location individuate tra la frazione di Porticello (a cui Santa Nicolicchia appartiene), il suo comune di appartenenza, Santa Flavia, e quello limitrofo di Sant'Elia, tutti sulla costa settentrionale della Sicilia, tutti raccolti a est di Palermo.

Pertanto, se la Vigata di *Montalbano* prendeva la sua fisionomia riunendo in sé città distanti anche quaranta chilometri l'una dall'altra, avvicinando le location, accorciando le distanze reali, la splendida Porticello della sigla di *Agrodolce*, con tutte le case dei

---

[1] Mia intervista video ad Alberto Sironi registrata a Punta Secca (RG) il 23 novembre 2005

protagonisti disposte l'una di fianco all'altra, mi è sembrata sin da subito fin troppo stretta per dare alla storia quell'ampiezza che respirano invece le vicende di Lumera, che vanta - non come un borgo di pescatori, ma come una vera e propria cittadina di provincia - un ospedale, un commissariato di Pubblica Sicurezza, una basilica, un parco pubblico, un ospedale, un liceo.

Quindi, a mio avviso, un effetto Kulešov che lavora in direzioni opposte nella rielaborazione di questi spazi filmici o - per usare un'espressione cara ad Andrea Camilleri - di queste "città a geometria variabile".[2]

Fu in questi termini che mi balzò agli occhi il raffronto e fu questa comparazione iniziale che mi portò a scoprire in *Agrodolce* quanto il paesaggio rendesse bella questa soap. A tal proposito, varrà la pena precisare che chi scrive non era mai stato un intenditore, né tantomeno un estimatore del genere: nel mio immaginario, "soap-opera" significava luci basse e claustrofobiche atmosfere da interno, in pieno stile *Beautiful*, per intenderci. Grazie ad *Agrodolce* ho corretto invece il mio pregiudizio e ho scoperto nella serialità una validità e un'origine che mi hanno convinto dell'opportunità di questo studio e mi hanno portato a farne l'oggetto di questo libro (cfr. I.I.1).

Successivamente, l'impressione di grande apertura al paesaggio siciliano è stata confermata dal mio lavoro, quando entrai ad *Agrodolce* come assistente alla regia: giornate intere trascorse all'aperto, ad aprire gli ombrelli tra un ciak e l'altro per riparare gli attori o dal sole troppo forte o dalla pioggia. Ma fin qui mi

---

[2] Salvatore Ferlita, "Tampasiannu e discurrennu con Andrea Camilleri", in Salvatore Ferlita, *La Sicilia di Andrea Camilleri. Tra Vigàta e Montelusa*, Palermo, Kalòs, 2003, cit. in http://www.vigata.org/kalos/tampasiannu.shtml

sembrava normale lavorare fuori dai teatri di posa: d'altronde, ero abituato a frequentare i set di *Montalbano*, in cui si gira tantissimo in esterni; non per niente, la mia folgorazione per il mondo del cinema era avvenuta nel 1999 quando, ai tempi della prima liceo classico, avevo visto girare un notturno nel porto di Pozzallo (RG), il mio paese.

Mi sono poi reso conto della precisa volontà di utilizzare la Sicilia come "un enorme set a cielo aperto" - per citare l'ideatore di *Agrodolce* Giovanni Minoli - e del valore estetico di questa scelta parlando con i responsabili e con gli addetti ai lavori della soap "made in Sicily".

Ecco pertanto che questo libro si propone di dimostrare l'inversione di tendenza rappresentata da *Agrodolce* nel panorama della lunga serialità, il sovvertimento delle convenzioni del genere soap-opera (da sempre realizzato tutto in interni) nella scelta di una linea editoriale tesa a valorizzare una zona della Sicilia, l'area di Termini Imerese, che, dopo aver assistito al fallimento dell'industrializzazione pesante chimica e metalmeccanica, vuol fare scoprire all'Italia le bellezze di questa regione. Un progetto lungimirante che, con *Agrodolce*, vuole tracciare la via di un nuovo tipo di sviluppo economico, che è sì basato sull'industria, ma su un'industria - ecco la grande novità - cinematografica. Questa industria non nasce poi per modificare il territorio, ma sorge sulla sua stessa geografia e orografia, se si pensa all'ex colonia di montagna su cui sono stati ricavati i teatri di posa e a come questi riproducano le fattezze delle vere case (cfr. I.II.6). E se un segno questa industria vuole lasciare, esso vuol essere non un *marchio*, ma al massimo un'*impronta*, come quelle lasciate sulla sabbia dagli attori in tante scene, capace di indicare un percorso da seguire, un tracciato lungo cui camminare, ai giovani siciliani. Anche di loro si parlerà nel capitolo II. Il fatto di essere appartenuto a quella schiera di ragazzi e ragazze che hanno avuto la possibilità di mettersi alla prova e formarsi sui set di una produzione nazionale, mi ha poi portato a voler ritornare a "Lumera" per raccontare con la mia videocamera il lavoro duro che quotidianamente viene affrontato da chi opera per portare sugli schermi televisivi la magia delle ambientazioni di *Agrodolce*. E' stato un modo per ritrovare i vecchi compagni di lavoro, ma soprattutto per testimoniare a posteriori quello che avevo fatto, per lasciare una traccia scritta - o, meglio, registrata - di quella che è la vita del set. Ma anche per raccogliere le testimonianze di chi crede in questo progetto, con la consapevolezza di lavorare a un prodotto innovativo. Di chi davvero profonde il proprio impegno per fare della Sicilia *l'isola della fiction*.[3]

---

[3] Per informazioni sul documentario video è possibile contattare l'autore all'indirizzo e-mail carmelo.assenza@tin.it

I. *Agrodolce*

I.I. Introduzione alla soap

I.I.1. Le origini della serialità

Prima di affrontare la produzione televisiva argomento di questo libro, sarà bene allargare il nostro sguardo al più ampio panorama della serialità televisiva e al più ampio concetto di serialità tout court nel cui solco si innesta questo studio. L'oggetto del presente volume ci risulterà meno lontano dalla nostra esperienza se lo avvicineremo alla luce di una preventiva messa a fuoco del contesto: partire da alcune nozioni di storia delle serializzazioni televisive e della serialità in generale vuol infatti dare la possibilità di rendere più familiare la serialità in tv anche al lettore che non abbia mai mostrato entusiasmo in tal senso (per mancanza di interesse o per un istintivo rifiuto) ed è stato un passo obbligato anche per chi scrive, che aveva vissuto a pieno l'esperienza realizzativa di *Agrodolce* in qualità di assistente alla regia, ma non possedeva praticamente alcuna delle competenze comuni al pubblico delle serie tv.

Si è trattato pertanto di "dimenticare" quello che era stato l'apprendistato tra le mdp e rivolgere uno sguardo "nuovo" alla soap-opera "made in Sicily", facendo tabula rasa dell'esperienza del set e delle competenze maturate dal di dentro e adottando un punto di vista vergine su *Agrodolce*, con lo sforzo di considerarlo con distacco un appuntamento qualsiasi dell'offerta televisiva e collocandolo meramente accanto ai prodotti dello stesso genere del palinsesto quotidiano. Non occorre dire che non è affatto

11

semplice subire il fascino di un prodotto di fiction una volta che se ne conoscono i retroscena e se ne padroneggiano i segreti; è chiara la difficoltà di trasformarsi da addetti ai lavori a spettatori. Naturalmente, l'esperienza del set è stata fondamentale per rendermi conto delle peculiarità di *Agrodolce* che mi hanno spinto a questo studio, ma occorreva effettivamente una "regressione" delle conoscenze a un livello più superficiale per avere uno sguardo neutro, meno privilegiato, sul panorama soap-opera.

Dopo aver ampliato l'angolo di visuale sulla soap, si è trattato poi di portare il mio punto di vista più in alto, così da poter volgere lo sguardo ben più indietro dei nostri schermi televisivi e collocare la serialità anche in una dimensione storica.

E' stato quindi questo nuovo approccio che mi ha convinto della bontà del lavoro che mi apprestavo a intraprendere e che mi è sembrato legittimasse i miei interessi.

Prima ancora di individuare alcune tappe salienti nella storia della serializzazione, però, sarà bene notare come la nozione di serialità permea non solo l'industria televisiva, ma l'attività artistica più in generale e la nostra vita tutta.

Il fatto che accada ormai abitualmente di parlare di serialità senza bisogno di ulteriori specificazioni, sapendo che anche gli altri intendono bene di che cosa esattamente si tratta, e cioè di fiction televisiva - e non, per ipotesi, di musica dodecafonica, di fumetto, di Andy Warhol, o di *Guerre stellari*, per citare altri soggetti egualmente pertinenti al tema - significa che ci riesce difficile, se non impossibile, pensare la serialità al di fuori e al di là delle formule e delle strutture narrative della fiction televisiva.[4]

Pensiamo allora a come la routine governa quotidianamente la nostra vita. E non a caso ho detto "governa"; consideriamo a quale sforzo andremmo incontro se ogni azione della nostra giornata dovesse essere dettata da una decisione presa ogni volta sul momento: se ogni mattina dovessimo mettere in discussione l'ordine in cui indossiamo i nostri indumenti o se dimenticassimo ogni giorno il tragitto più veloce da casa nostra al lavoro. La serialità entra nella vita quotidiana e non sappiamo farne a meno: basti considerare quanta fatica ci viene risparmiata dallo svolgere le nostre attività in una determinata sequenza, in serie, sempre allo stesso modo, sempre nello stesso ordine. Pensiamo invece al disagio, al fastidio o alla vera e propria ansia che ci investe quando ci imbattiamo in un imprevisto, in una novità inattesa o nella necessità di modificare i nostri piani o i nostri ritmi. E questo nonostante l'aspirazione spesso manifestata a "uscire dalla routine". E' questo che Milly Buonanno intende quando dice, nel titolo di un suo paragrafo, che "non possiamo non essere seriali".[5] Ecco allora che - data per buona una strada, una volta assodata una certezza - questa entra a far parte di una *serie* di azioni codificate e fa sì che l'inventiva possa applicarsi a qualcosa di nuovo. Serialità e creatività, routine e inventiva non sono pertanto in un'opposizione dicotomica. Non deve stupire allora che è appunto la serialità che paradossalmente consente un

---

[4] Milly Buonanno, *Indigeni si diventa. Locale e globale nella serialità televisiva*, Milano, Comunicazione e Cultura Sansoni, 1999, pag. 30
[5] Milly Buonanno, *Indigeni si diventa*, op. cit., pag. 29

dispiegamento più proficuo della creatività, la quale si concentra così su un ambito circoscritto e relega il resto delle attività entro "routine organizzative", per adottare un'espressione mutuata dal gergo dell'economia. E' dall'analisi di queste routine che si è giunti all'elaborazione della *curva di esperienza*, uno dei concetti fondamentali del management strategico, nato dall'osservazione che i costi variabili si riducono con regolarità all'incremento della produzione cumulata e dunque dell'esperienza maturata;[6] sono queste che fanno dire agli esperti di marketing - analizzando i comportamenti dei consumatori - che "l'esperienza esercita un impatto importante sulla complessità dei processi decisionali: maggiore è l'esperienza più breve sarà il processo decisionale";[7] sono queste, più semplicemente, nella nostra esperienza quotidiana, che ci impediscono di dilapidare le nostre risorse creative.

Sarà utile adesso fornire alcuni cenni storici che ci aiutino a ricostruire l'avvento della serialità televisiva. Se è vero che, in generale, la soap-opera viene considerata la discendente diretta dei radio-serial degli anni Trenta del Novecento, è interessante notare che il punto di partenza si può ritrovare molto più in là nel tempo, come spiega Milly Buonanno nel suo volume dal titolo *Indigeni si diventa. Locale e globale nella serialità televisiva*,[8] nel

---

[6] Robert McQueen Grant, *L'analisi strategica per le decisioni aziendali*, Bologna, Il Mulino, 1999, pagg. 244-246

[7] Jacques Nantel, "I comportamenti del consumatore", in François Colbert, *Marketing delle arti e della cultura*, Milano, Etas, 2000 (trad. it. di Giulia Agusto), pag. 97

[8] Milly Buonanno, *Indigeni si diventa. Locale e globale nella serialità televisiva*, Milano, Comunicazione e Cultura Sansoni, 1999

quale rintraccia la prima forma di serialità nelle favole de *Le mille e una notte*. Il corpus arabo-persiano-egiziano del Medioevo islamico, datato tra il X e il XII secolo e introdotto in Europa alla corte del Re Sole ai primi del Settecento, anticipa la svolta che si verificherà nell'Ottocento nelle strutture narrative dell'Occidente, fornendo l'archetipo di una narrazione serializzata organizzata entro una cornice narrativa. Ricostruiamo brevemente la vicenda: il re Shahriyàr, furente contro il genere femminile dopo la scoperta del tradimento della moglie, si fa condurre ogni notte dal suo visir una vergine che usa sessualmente e che mette a morte la notte stessa. Nel giro di tre anni, nel paese non ci sono più fanciulle vergini, tutte uccise o fuggite dal paese, ad eccezione delle due figlie del visir. La maggiore, Sharazàd, giovane donna di straordinaria cultura, si offre in sacrificio, ma con l'intento segreto di sottrarsi alla morte, grazie a un accordo con la sorella minore. Dopo che il re si è unito con Sharazàd, la sorella la prega di raccontare una storia per trascorrere il resto della notte. Il sovrano rimane talmente affascinato dalla narrazione che, quando sopraggiunge il mattino e, con esso, termina il tempo concesso al racconto di Sharazàd, il sovrano dice in cuor suo: "Giuro che non la ucciderò finché non avrò ascoltato il resto del suo racconto."[9] Con questo stratagemma, notte dopo notte, Sharazàd ha fatta salva la vita, fino a diventare, dopo mille notti, la sposa del re.

---

[9] "A questo punto del racconto sopraggiunse il mattino e Sharazàd smise la narrazione consentitale. Allora sua sorella le disse: - Quant'è bello, piacevole e dolce il tuo narrare! - Al che rispose Sharazàd: - Questo è ben poco rispetto a quello che vi racconterò la notte prossima, se sarò in vita e se il re mi ci farà restare.
Ora, il re si disse in cuor suo: «Giuro che non la ucciderò finché non avrò ascoltato il resto del suo racconto»." Francesco Gabrieli (a cura di), *Le mille e una notte*, vol. I, Torino, Giulio Einaudi editore, 1948, pag. 15

Il motivo per cui *Le mille e una notte* è considerato il punto di partenza della moderna serializzazione narrativa è il fatto che i racconti di Sharazàd si succedono per anni con puntuale regolarità. Ma ciò che sopra tutto deve essere messo in evidenza è che Sharazàd non narra una storia per notte, ma, col sopraggiungere del giorno, lascia interrotto il suo racconto per poi riprenderlo e concluderlo la notte seguente, prima di dare avvio a una nuova narrazione. Ecco dunque l'elemento assolutamente precursore: l'*interruzione del racconto*, che non coincide con la conclusione della storia ma è giocata consapevolmente dall'esperienza della narratrice. La capacità di tenere alto il desiderio del re con la promessa della conclusione del racconto anticipa il principio di organizzazione di ogni puntata di una moderna soap-opera - la sospensione del racconto - con la sua capacità di tenere, puntata dopo puntata, le platee televisive incollate allo schermo.[10]

Le stesse platee che hanno conosciuto la lunga serialità sotto forma di soap-opera e telenovela importate dagli Stati Uniti e dall'America Latina, forse non immaginano l'origine tutta europea delle narrative serializzate, che appartengono alla nostra tradizione storica: dopo aver scoperto che "non possiamo non essere seriali",[11] ecco dunque un altro elemento di familiarità con la serializzazione. E' in Francia, infatti, negli anni Trenta

---

[10] "[...] l'artificio della concatenazione e talora incapsulamento l'una nell'altra delle varie storie. E' stato osservato che la formula araba con cui spesso si introduce e inserisce un nuovo racconto («se farai questo, ti capiterà quel che capitò al tale nella tale situazione...» - «E come andò questa storia?» ecc.) corrisponde esattamente all'analoga formula sanscrita per un tale procedimento letterario."
Francesco Gabrieli (a cura di), *Le mille e una notte*, op. cit., pag. X
[11] Milly Buonanno, *Indigeni si diventa*, op. cit., pag. 29

dell'Ottocento, che nasce il vero progenitore delle serie tv, il romanzo a puntate o *feuilleton*.

Il termine è di origine giornalistica e indicava il taglio basso della prima pagina di giornale, separato dalla parte superiore da un filetto nero e destinato a ospitare articoli di critica teatrale o letteraria. In questa collocazione i quotidiani francesi, con una modalità di edizione innovativa, pubblicheranno i romanzi a puntate detti appunto feuilleton.

Si trattò, in effetti, di un fenomeno nuovo (prima di allora i romanzi erano distribuiti in dispense mensili), favorito dall'emergere, per la prima volta in quegli anni, delle condizioni per una diffusione dei consumi culturali di massa, con i giornali dell'epoca che miravano a espandere la cerchia dei propri lettori ben oltre la ristretta sfera delle élite ed erano alla ricerca di generi capaci di attrarre e fidelizzare un vasto pubblico popolare.

Nel 1836 venne chiamato il più grande romanziere dell'epoca, Honoré de Balzac, per produrre il primo feuilleton, che uscì col titolo di *La vieille fille* su *La Presse*. L'esempio fu presto imitato e il feuilleton entrò a far parte dell'offerta quotidiana dei giornali francesi, contribuendo a moltiplicarne le tirature e generando non di rado enormi fenomeni di popolarità. Al punto che, nei periodi di pubblicazione di un romanzo, per gli analfabeti, i poveri e gli operai, si tenevano pubbliche letture nei caffé e nelle fabbriche.

Il feuilleton viene considerato all'origine della moderna soap-opera perché è con esso che vengono stabiliti gli standard di una serializzazione delle strutture narrative che è stata poi ripresa e riadattata da tutti i media popolari. Vediamo i caratteri peculiari del feuilleton che hanno poi determinato la forma di molte espressioni della serialità televisiva contemporanea:

- la *lunga durata*: i romanzi a puntate si protraevano per alcuni mesi, per sfruttarne la capacità di traino.

  Nei casi di maggiore successo, era il pubblico stesso a chiedere di procrastinare la conclusione della storia ("il successo allunga" si diceva). Va da sé che la lunga durata andava sostenuta e nutrita con la creazione di un gran numero di personaggi implicati in sottotrame ricche e complicate, che venivano aperte, incrociate tra loro, portate al climax, chiuse e talvolta riaperte, con la possibilità di prolungare quasi a volontà la durata del racconto;

- la segmentazione della narrazione in *puntate legate in una sequenza temporale*;

- la *cadenza quotidiana* di queste puntate, con le esigenze che ciò comportava:

  trattenere i lettori da un giorno all'altro ricorrendo a meccanismi di suspense, specie in chiusura di puntata a fare da gancio tra quella del giorno e quella dell'indomani (meccanismo ancor più decisivo quando si avvicinavano le scadenze trimestrali per il rinnovo degli abbonamenti); con una produzione rapida; che coprisse la lunghezza standard assegnata sul quotidiano.

  Stesse difficoltà che sul set di una soap si pongono oggi a una troupe, a cui è richiesta al momento delle riprese una velocità che di frequente non si concilia con i tempi troppo ottimistici stimati in fase di scrittura, quando si assegnano i minuti entro i quali va girata una scena; senza tener conto, ad esempio, che questa può richiedere ripetute prove con gli attori o di girare più volte entrate e uscite di scena difficili da sincronizzare; o senza prevedere che il regista possa volersi "divertire" con movimenti di macchina articolati, col montaggio di un dolly, col piano-sequenza di una steadicam. E questo perché le risorse della produzione difficilmente si accordano con le esigenze espressive della regia.

Oppure si può incorrere nell'incongruenza tra la durata stimata sullo stralcio[12] e quella che la scena effettivamente viene ad avere quando è stata girata. Non di rado il regista e la segretaria di edizione si ritrovano a discutere di "minutaggio" di fronte a un dialogo di poche battute che si è esaurito troppo in fretta rispetto alle indicazioni della produzione e che non si sa come tirare per le lunghe; o al termine di una scena che richiede pause nel dialogo, piani contemplativi, movimenti in scena degli attori e che ha occupato una volta e mezza del minutaggio assegnato.

Sembrerebbe una banalità, ma perché tutte le puntate, ogni giorno, abbiano la stessa durata (in media venticinque minuti per le soap italiane), occorre che ciascuna delle scene che la compongono mantenga la durata prevista. E questo è tanto più difficile se si pensa che alla stessa puntata lavorano anche più registi, a distanza di giorni. E' lo stesso problema che avevano gli autori del feuilleton: allora si trattava di scrivere né di più né

---

[12] Si chiama "stralcio" l'insieme dei fogli a cui si fa riferimento al momento delle riprese. Lo stralcio mostra le scene di una giornata nell'ordine in cui andranno girate. Esso viene assemblato di giorno in giorno, estrapolando le singole scene dal "blocco". Questo invece riunisce le cinque puntate (e le scene di ogni puntata) di ogni settimana, nell'ordine in cui andranno in onda

di meno di quello che era lo spazio assegnato; oggi la difficoltà sta nell'ottenere la durata standard assegnata all'interno del palinsesto.

Tra autore, lettore e romanzo si instaurava un rapporto che la Buonanno definisce "interattivo",[13] tale che "sembrava recuperare le modalità di relazione tra narratore e pubblico della tradizione orale",[14] intendendo con ciò l'importanza che per gli scrittori del feuilleton aveva il tener conto quasi in tempo reale delle reazioni e degli umori dei lettori, che facevano sentire la loro voce scrivendo alle redazioni e offrendo commenti, suggerimenti, richieste. Gli autori erano sensibili a tutto ciò e, scrivendo sui quotidiani, erano tenuti a offrire storie che si ispirassero all'attualità e che traessero spunto anche da fatti di cronaca. Ne risultavano "trame particolarmente «porose», per così dire, cioè disponibili ad assorbire stimoli ed influenze esterne."[15]

Viene da dire che la soap-opera italiana ha raccolto bene questa lezione e racconto qui un episodio che in tal senso mi sembra significativo: ad *Agrodolce* ci si prepara alla scena della processione per la Santa Patrona del paese; si gira a Porticello, che venera come sua Protettrice la Madonna del Lume. Per la festa ambientata nell'immaginaria Lumera viene utilizzata una riproduzione della statua originale e le comparse della folla sono reclutate tra i numerosissimi fedeli appartenenti alla Confraternita Maria SS. del Lume che hanno dato la loro piena disponibilità. Sul set il clima è di grande entusiasmo e partecipazione da parte di

---

[13] Milly Buonanno, *Indigeni si diventa*, op. cit., pag. 42
[14] *Ibidem*
[15] *Ibidem*

tutta la cittadinanza: in attesa che venga allestita la location esterna, la banda del paese continua a provare l'inno che solitamente accompagna la Vergine in processione; il reparto di scenografia ha autorizzato alcuni privati cittadini ad abbellire le proprie facciate con gli addobbi che ogni anno salutano il passaggio della processione; le figurazioni non hanno avuto bisogno di passare dalle costumiste: il loro costume di scena oggi se lo sono portato da casa, è la loro uniforme; i portatori della Santa sono in fermento, attendono con trepidazione che venga affidato loro il simulacro (per quanto si tratti di una riproduzione) e scalpitano perché la festa inizi, incuranti del fatto che si tratta di una finzione, di una messa in scena e che, come tale, necessita quanto meno dell'arrivo delle macchine da presa e del regista; i più giovani, quando individuano un addetto alla produzione meno indaffarato degli altri, non perdono tempo per circuirlo e raccontargli la storia della loro festa, ansiosi di mettersi in buona luce agli occhi dei più anziani, subito però sopraffatti da questi che - una volta tolta ogni via d'uscita al malcapitato runner di turno - intervengono a ristabilire le gerarchie. Ma il momento di più sentita partecipazione della comunità porticellese alla solennità - e, per tramite della sua rievocazione, alla realizzazione delle riprese - si avverte quando si entra nella "stanza delle comparse": si tratta in realtà di un corridoio, stretto e scarsamente illuminato, in cui vengono solitamente radunate le figurazioni in attesa di girare. Ebbene, le donne hanno socchiuso la porta e, isolate dai rumori del set, nella penombra della stanzina hanno tirato fuori le loro coroncine di rosario e, intrecciatele tra le dita, hanno cominciato a recitare sotto voce le loro "poste", come usano fare quando pregano la loro Madonna del Lume. L'atmosfera è così raccolta e partecipata che chi scrive, quando viene invitato a entrare lì dentro per arricchire le riprese del suo documentario, non si sente di soffermarsi che pochi secondi, non si sente di investire con la lama di luce che filtra dall'esterno la penombra di quelle giaculatorie, non si sente di violare il senso del sacro ricreato lì dentro, avvertendo - nonostante il compiacimento delle donne a farsi filmare - un profondo disagio nel "rubare" le immagini di quella devozione oltre ogni finzione sincera.

Ho raccontato questo episodio per dire di come una semplice soap, per girare le immagini di una processione che poteva abbondantemente recuperare da materiale d'archivio, è uscita dai teatri di posa ed è scesa nelle strade di quella festa e tra la sua gente, ha chiesto la collaborazione di chi realmente organizza e vive quella solennità, ha reclutato le figurazioni tra i suoi veri portatori e tra i pescatori che la Madonna portano in processione sul mare sulle loro barche: ha addensato insomma una partecipazione e un coinvolgimento che hanno caricato una normalissima giornata di riprese di un'emozione ben superiore a quella che la finzione avrebbe richiesto.

La soap ha recepito la richiesta di spiritualità della comunità che quotidianamente la ospita e l'ha gratificata rendendola protagonista delle sue storie, in un'interazione perfettamente bilanciata tra coerenza alla linea editoriale e apertura alle influenze esterne.

Era questa l'idea iniziale dell'australiano Wayne Doyle, il creatore di *Agrodolce*, che aspirava a una soap che parlasse di problemi ed eventi della cronaca recente: gli scrittori sarebbero dovuti opportunamente intervenire sul plot generale, così da inserire tempestivamente il riferimento allo specifico episodio di cronaca. Alessio Micieli, assistente alla regia e aiuto regista ad *Agrodolce*, mi spiega quale sarebbe stata la tempistica:[16] accade un fatto di cronaca, nella stessa settimana si mette mano alle storie, la seconda settimana si gira, la terza e la quarta si va al montaggio e alla post-produzione e la quinta settimana la gente vede nella soap ciò di cui il telegiornale ha parlato un mese prima. Un progetto che, purtroppo, si è presto scontrato con gli effettivi tempi di lavorazione dei "blocchi" di sceneggiatura.

Tuttavia, un tentativo non privo di risultati, se pensiamo alla *contemporaneità* portata alcune volte in televisione dagli scrittori di *Un posto al sole* e *Agrodolce*. Si intende per "contemporaneità" la strategia di sceneggiatura per cui si scrive una puntata in funzione della data di messa in onda e di ciò che accadrà quel giorno. Questo è possibile in relazione a eventi cadenzati, come le festività, per cui la sera del 24 dicembre puntualmente i personaggi di *Un posto al sole* festeggiano la vigilia di Natale come seduti alla stessa tavola dei loro telespettatori. Nella stessa ottica si cerca di rispettare anche il clima che si avrà al momento della messa in onda, non solo nella caratterizzazione meteorologica delle location esterne, ma anche nel modo di vestire in interni. E questa è una differenza che vale la pena segnalare rispetto al cinema, che è invece abituato a dettare il clima.

E' inoltre possibile ricreare la contemporaneità in relazione a eventi occasionali, ma che è possibile prevedere, come un

---

[16] Conversazione privata, Plaja Grande (RG), 24 gennaio 2010

campionato di calcio con le sue partite: così, nella soap partenopea, l'ispettore Giuseppe Arletti e il suo commissario discutono di un'indagine davanti al televisore mentre viene trasmessa una partita dell'Italia e, dieci minuti dopo, la nazionale di calcio scende veramente in campo per la fase a gironi degli Europei (quella di cui si conoscono in anticipo le date);[17] oppure, il 5 febbraio del 2009, a Lumera, Agata Messina, afflitta da una profonda crisi spirituale, strappa dal muro un santino della Santa di cui porta il nome. Lo recupera il buon Ermanno e lo affida al piccolo Michele con queste parole: "Questa Santa si chiama come tua nonna, la può aiutare, anche se lei dice che non vuole; fai una preghiera e Sant'Agata farà stare bene tua nonna, che se lo merita." E tutto questo proprio nel giorno in cui la città di Catania onora solennemente la sua Santa Patrona con una festa folkloristico-religiosa tra le più importanti d'Europa.[18] E sebbene non venga mai detto che la sig.ra Messina sia originaria del capoluogo etneo, la cadenza dialettale a cui l'interprete catanese Ileana Rigano inclina (secondo la linea seguita in *Agrodolce* di lasciar recitare gli attori assecondando la parlata a essi più naturale),[19] basta ad aprire la storia a tutta una serie di rimandi extra-testuali che ci sembrano aderire bene a quella definizione di "trame «porose»".[20]

---

[17] L'episodio mi è stato raccontato dallo stesso ispettore Arletti, alias Ivan Castiglione, in una telefonata del 15 febbraio 2010
[18] La festa di Sant'Agata è riconosciuta dall'UNESCO "Bene Etno Antropologico Patrimonio dell'Umanità"
[19] Come mi è stato confermato tramite posta elettronica dagli actor coach Fabio Palma e Irene Scaturro in due messaggi rispettivamente del 3 e del 5 febbraio 2010
[20] Milly Buonanno, *Indigeni si diventa*, op. cit., pag. 42

Ma l'elemento formale più connaturato al feuilleton è l'interruzione regolare, sistematica del racconto. E' vero che la pratica della lettura comporta quasi sempre una segmentazione del testo a seguito delle interruzioni attuate dal lettore: anche se un romanzo ci si presenta nella sua interezza sotto forma di libro, è improbabile che riusciremo a leggerlo tutto d'un fiato. Il libro che stiamo leggendo può essere interrotto dopo due minuti o dopo due ore, tuttavia "possiamo riprendere la lettura quando vogliamo [...] senza uno schema temporale prestabilito".[21] La novità del feuilleton è che trasferiva l'atto decisionale sul versante del testo. La sospensione della lettura era quindi imposta dall'interruzione del racconto. Che interveniva nei momenti di più lancinante interesse, cioè sul finale di puntata. L'interruzione *strategica* della narrazione: ecco la vera intuizione originale del feuilleton.

Tutto questo instaurò una relazione tra il testo e il lettore che si manteneva solida nonostante fosse basata sulla sottrazione di un piacere, quello di conoscere il resto del racconto. E, tuttavia, il differimento della soddisfazione era a sua volta una fonte di piacere, perché "di una storia che ci appassiona, siamo capaci di dire allo stesso tempo che non vediamo l'ora di sapere come vada a finire, e che vorremmo non finisse mai."[22] E su questa ambivalenza esplorata dal feuilleton, ancora oggi le narrative televisive serializzate giocano la conquista dello spettatore, avvinto in questa dialettica tra il piacere del differimento e il desiderio dell'appagamento.

---

[21] Milly Buonanno, *Indigeni si diventa*, op. cit., pag. 43
[22] Milly Buonanno, *Indigeni si diventa*, op. cit., pag. 45

L'Italia conobbe le narrative serializzate con un fenomeno autenticamente domestico, il romanzo d'appendice. Il feuilleton *Les mystères de Paris* di Eugène Sue (1842-1843) ebbe i suoi equivalenti italiani con *I misteri di Firenze* di Collodi (1857) e *I misteri di Napoli* di Francesco Mastriani (1869-1870).[23]

I romanzi d'appendice trovarono diffusione sulle pagine dei principali quotidiani (*Corriere della sera, Il Messaggero, Il Giornale di Sicilia, Il Secolo*), incontrando sempre il favore del pubblico. Per rendere l'idea delle proporzioni del fenomeno e del suo successo, basterà ricordare come il romanzo di Luigi Natoli *I Beati Paoli* (che in una società segreta della Palermo del Settecento individuava le origini della mafia) raggiunse le 239 puntate, protraendosi per più di sei mesi tra il 1909 e il 1910.

L'altro fenomeno di grandissima popolarità sarebbe esploso nel secondo dopoguerra, sempre nel solco delle narrative serializzate, con il fotoromanzo a puntate.

Sul finire dell'Ottocento, il feuilleton salpava dalle coste dell'Europa per approdare in America, dove i giornali si contendevano la più grande fetta di mercato costituita dai ceti popolari. Ma in un paese come gli Stati Uniti, mèta delle grandi correnti migratorie, non si poteva non tener conto degli ampi strati di proletariato e di immigrati scarsamente alfabetizzati, a fronte dei quali si rivelò ben più efficace la forza immediata e universale delle immagini disegnate: nacquero così le strisce a fumetti. Le

---

[23] Cfr. Adriana Chemello, "La letteratura popolare e di consumo", in Gabriele Turi (a cura di), *Storia dell'editoria nell'Italia contemporanea*, Firenze, Giunti, 1997, pagg. 170-171; cfr. anche Gino Tellini, *Filologia e storiografia da Tasso al Novecento*, Roma, Edizioni di storia e letteratura, 2002, pag. 305

strip-stories erano inizialmente a episodi chiusi, ma poco dopo adottarono la segmentazione in puntate a cadenza giornaliera o settimanale. Il pubblico di riferimento era evidentemente maschile.

E' negli anni Trenta che la radio trasformerà le narrative serializzate in un prodotto mirato al pubblico femminile: con i radio-serial, infatti, nasce il vero genere della *soap-opera*.

Confusa nelle percezione comune con la *telenovela*, la soap-opera è accanto a essa l'altra principale filiazione del feuilleton. Le due declinazioni della formula originaria hanno avuto luoghi di elezione differenti, istituzionalizzandosi la soap-opera negli Stati Uniti e la telenovela nei paesi dell'America Latina, sviluppando caratteri peculiarmente diversi che trovano la loro sostanziale opposizione nella natura della struttura narrativa: aperta per la soap-opera, chiusa per la telenovela.

E' a Cuba, dove sul finire dell'Ottocento si era instaurata la pratica di leggere ad alta voce racconti a puntate agli operai e ai prigionieri che lavoravano nelle fabbriche di tabacco, che il genere della radionovela stabilì la propria popolarità, destinata a diffondersi rapidamente nei paesi del Sud America. *El derecho de nacer*, il primo radioserial cubano, è del 1948. Da allora ebbe numerose trasposizioni in film, fotoromanzo e, infine, telenovela.

Nella transizione al medium televisivo fu il Brasile a imporre la propria supremazia. *Beto Rockfeller* (1968), che raccontava le aspirazioni di ascesa sociale di un modesto impiegato, stabilì gli standard della moderna telenovela brasiliana e fece del paese uno dei maggiori esportatori di produzioni televisive sui mercati internazionali.

Dunque, per la telenovela, area geografica di influenza differente dagli Stati Uniti della soap-opera; ma, soprattutto, un'organizzazione testuale diversa, chiusa - come detto prima -, tesa a una risoluzione narrativa totale. L'attesa della fine è infatti la prerogativa della telenovela; la quale, come il feuilleton, può rinviare a lungo - nell'arco di molti mesi e nel corso di centinaia di puntate - la chiusura narrativa; ma "a un epilogo definitivo tende e regolarmente perviene. Mentre la soap-opera non incoraggia alcuna attesa di risoluzione totale, la telenovela è costruita e lavora su questa attesa."[24] Ciò si ripercuote sull'impianto drammaturgico, che prevede una distribuzione dei ruoli gerarchicamente ordinata e più stabile rispetto alla soap, disponibile invece all'apertura di numerose sottotrame, con l'uscita di scena di alcuni personaggi che lasciano il posto all'ingresso di nuovi.

Ne risulta diversa anche la costruzione delle aspettative dello spettatore, strutturata secondo una parabola narrativa che assegna alle ultime decine di puntate la funzione di risolvere i problemi, chiarire le vicende, chiudere le sottotrame, insomma tirare le fila della storia.

Il rapporto tra spettatori e scrittori può essere definito di vera e propria osmosi: i primi sono in grado di riconoscere in una telenovela lo stile dei secondi, non di rado drammaturghi di chiara fama, capaci di dare la loro impronta autoriale a un prodotto per definizione industriale.

A loro volta, gli scrittori conoscono gusti e tendenze del loro pubblico, perché mantengono con esso un dialogo costante. A

---

[24] Milly Buonanno, *Indigeni si diventa*, op. cit., pag. 48

ragione Milly Buonanno rileva nella telenovela il "carattere di «creazione collettiva» di una *narrativa popolare*".[25] E' singolare la vicinanza che è possibile ritrovare con la linea editoriale di *Agrodolce*, per la quale il patron Giovanni Minoli conia l'etichetta di *romanzo popolare*, ritenendo stretta per il suo prodotto ogni riduzione a uno dei generi della serialità televisiva e volendo invece una definizione che a essi sia trasversale e che già nel nome risulta feconda, se giunge a richiamarsi a quel presupposto fondamentale dell'universo telenovela che è la suddetta "narrativa popolare".[26]

Ma uno dei traguardi di *Agrodolce* è anche la "«creazione collettiva»",[27] come la intende Ruggero Miti, il produttore RAI, quando invoca una vicinanza e un contatto diretto dei suoi scrittori con la gente di Sicilia e auspica storie che non hanno bisogno di essere inventate ma che sono già scritte sul territorio e dal territorio:

> io vorrei scrittori siciliani che stanno qua, non che stanno a Roma: sto facendo la mia lotta, vediamo se ce la faccio. Io vorrei che gli scrittori fossero qua, che gli scrittori parlassero con la gente come parlo io [...] ed è anche una grande aspirazione di Giovanni:[28] il gruppo degli scrittori farlo qua.
> E allora sì... perché molti scrittori sono siciliani, ma sono siciliani che sono andati via dalla Sicilia, stanno a Roma e

---

[25] Milly Buonanno, *Indigeni si diventa*, op. cit., pag. 52 (corsivo mio)
[26] *Ibidem*
[27] *Ibidem*
[28] Giovanni Minoli

hanno perso evidentemente un contatto vivo, autentico con la loro terra perché stando a Roma si sono imbastarditi. [...] Ti assicuro che io ho raccolto tante di quelle storie da potere inserire... Io l'altro giorno vengo a casa e passo davanti a un punto dove c'è un drappo, meraviglioso, giallo, con scritto "Fondazione don Pino Puglisi, villa sequestrata eccetera eccetera" con dentro dei ragazzi; naturalmente - io sono curioso! - ho parcheggiato, sono andato a vedere: c'erano dei ragazzi, si vedevano... vestiti... poveracci, insomma... non so se erano tossici, alcolisti, però insomma erano lì che stavano pulendo, si davano da fare. Alla sera vado al ristorante a Porticello e dico: "Cazzo! Finalmente! - un po' ad alta voce, entrando -. Ah! Finalmente! Ho visto la bandiera gialla di don Pino Puglisi!" Si è azzittito il locale. Te lo giuro, eh? Si è azzittito... Ci saran state quindici persone, non è che c'era pieno così, ma si è azzittito il locale. Il proprietario - che mi conosce - mi ha fatto gli occhiacci! Allora io ho fatto finta di non capire: "Scusa, ma di chi era quella villa...?!"

Non l'avessi mai detto! "Ah, io non lo so..." "Ma come non lo sai?!" - io l'ho fatto apposta, no! "Ma siete in duemila a Porticello: non sai di chi cazzo era la casa lì?!"

Ecco, questa è la mafia che dovremmo raccontare, questa paura ancora di dire...[29]

---

29 Mia intervista video a Ruggero Miti registrata a Termini Imerese (PA) il 16 gennaio 2009

Dunque, un *romanzo popolare* per storie, per livello qualitativo, per temi: sì la mafia, ma anche il lavoro nero, l'integrazione, l'handicap, la sanità, l'istruzione. Le stesse tematiche sociali a cui *Un posto al sole* si impegnava ad avvicinarsi già dalla seconda serie (1997/1998) dopo le accuse di una rappresentazione troppo edulcorata del contesto napoletano. E se "la telenovela esprime una forte vocazione al trattamento di temi sociali",[30] a dimostrazione del carattere ibrido di *Agrodolce* - con una struttura american-soap venata da una sensibilità più latina - sarà ulteriormente significativo ricordare che "la telenovela è stata e viene tuttora utilizzata come un programma educational":[31] non sarà privo di interesse, allora, che a produrre *Agrodolce* sia RaiEducational e che la soap sia figlia di quel Giovanni Minoli che di RaiEducational è rimasto il direttore fino al pensionamento (maggio 2010).

Se la telenovela è un serial chiuso, che a un epilogo definitivo tende e passo dopo passo a esso perviene, di contro la soap-opera è costruita sull'impossibilità della fine. Come accennato sopra, furono i radiodrammi a puntate a creare il vero e proprio genere della soap, tenendo ben presenti i due princìpi basilari stabiliti dal feuilleton: interrompere regolarmente il racconto quando c'è un crescendo dell'interesse e rinviare il più a lungo possibile la chiusura. E proprio sul differimento indefinito dello scioglimento della trama erano basate le storie di vita familiare e

---

[30] Milly Buonanno, *Indigeni si diventa*, op. cit., pag. 53
[31] Milly Buonanno, *Indigeni si diventa*, op. cit. pagg. 52-53

di relazioni sentimentali raccontate in puntate da quindici minuti, messe in onda con cadenza quotidiana.

Durante la seconda guerra mondiale, il numero di soap trasmesse dalle radio statunitensi era superiore a sessanta. Finché c'erano un pubblico e un budget, le storie andavano avanti, per mesi e per anni, tanto che il passaggio alla televisione portò con sé alcune di queste, come *Guilding Light* (conosciuta in Italia come *Sentieri*).

Alla decisione di dare anche alla televisione le sue narrative serializzate si giunse quando, non volendo lasciare inattivi i teatri di posa di Hollywood nei "periodi morti", ovvero in quei mesi in cui non erano occupati da qualche produzione cinematografica, si decise che in essi era perfettamente collocabile la realizzazione di prodotti televisivi, che utilizzavano così gli stessi *studios* dei film.[32]

Negli anni Cinquanta furono messe in onda trentacinque soap giornaliere; all'inizio degli anni Sessanta i serial televisivi avevano sostituito del tutto i radio-serial. La durata passò da un quarto d'ora a trenta minuti, rendendo così necessario un ampliamento delle trame e delle comunità dei personaggi, con la conseguente definitiva impossibilità di condurre a una conclusione l'intreccio dei plot.

Nel tempo, le soap hanno subìto numerose trasformazioni per adattarsi al mutamento del pubblico, venendo incontro alle trasformazioni subentrate nel gusto e nel costume: sono stati aggiunti personaggi giovani ed è stato dato spazio a un maggior numero di caratteri maschili; sono state prodotte versioni lussuose da prima serata con puntate da un'ora, che è la formula con cui in

---

[32] Cfr. Gianpiero Gamaleri, "La produzione seriale", in Vito Zagarrio (a cura di), *Cinema tv. Film, televisione, video nel nuovo millennio*, Torino, Lindau, 2004, pagg. 171-172

Italia sono state conosciute *Dallas* e la sua rivale *Dynasty* (si veda anche I.I.2); si è insomma fatto ricorso a tutta la versatilità delle narrative serializzate per soddisfare le attese di telespettatori diversificati, generando fenomeni di popolarità internazionale, anche presso le casalinghe - come quelle italiane - che non avevano conosciuto prodotti analoghi di casa loro.

Ho citato le casalinghe; e non a caso. Le donne che impiegano la loro giornata nelle attività domestiche sono da sempre infatti le destinatarie principali della soap-opera. E questo potrebbe forse già far intuire perché un prodotto televisivo sia stato battezzato con un nome che sa tanto di sapone. Ma vediamo le etimologie più accreditate: si è detto che le soap-opera nascono negli anni Trenta alla radio negli Stati Uniti, ma non si è detto che questi radiodrammi erano prodotti dalla Procter&Gamble, la nota industria chimica di saponi e detersivi. Nell'epoca d'oro della radio, questi programmi "in più episodi, per lo più storie di grandi famiglie, con la presenza di personaggi fissi"[33] erano pertanto sponsorizzati dalle saponette. Dunque, da un prodotto industriale, l'aggettivo *soap* come attributo di questo tipo di narrazioni.

Stesso solco per la seconda ipotesi etimologica, foriera però - preveggente forse della luce (televisiva) che avrebbero visto questa narrazioni - di un'immagine, quella delle bolle di sapone, che bene addensa un racconto e i suoi ascoltatori, un modello di narrazione e la sua fruizione, facendo risalire l'origine di *soap* alla struttura di questi radiodrammi, caratterizzati dalla stretta concatenazione degli eventi, che si succedono legati gli uni agli

---

[33] Gianpiero Gamaleri, "La produzione seriale", in Vito Zagarrio (a cura di), *Cine ma tv*, op. cit., pag. 173

altri come le bolle di sapone. Magicamente questa seconda variante sublima la schiuma dei detersivi agitata dai lavori di casa delle massaie nei riflessi di un gioco per bambini e nella leggerezza delle vicende dei personaggi evocati dall'apparecchio radiofonico, riservando a quelle storie l'impalpabilità delle bolle di sapone, la stessa di quel digitale che ne avrebbe permesso la realizzazione ai nostri giorni.

Alle casalinghe pensa anche la terza etimologia, che, nello svolgimento delle faccende domestiche, vede il momento della fruizione distratta di questi programmi, tanto insignificanti da essere detti appunto *soap-operas*, cioè storie da sentire mentre si fanno le pulizie.

Proprio la consapevolezza del punto di forza dei radio-serial, cioè la perfetta compatibilità tra seguire il programma e continuare a svolgere lavori domestici, ne scoraggiava la trasposizione in televisione, perché la presenza delle immagini avrebbe catturato l'attenzione, rompendo l'incantesimo. Tuttavia, sin dai primi esperimenti, i timori si rivelarono infondati.

E a chi, ancora nel 1996, ai tempi della nascita di *Un posto al sole*, obiettava che stili di vita e ritmi di lavoro contemporanei non permettevano più una scansione regolare del tempo tale da consentire una fidelizzazione della audience, non si può che ricordare che da sempre la soap-opera televisiva è in grado di far fronte all'incostanza e all'intermittenza del suo pubblico con la lentezza della sua temporalità narrativa e con le sue ridondanze discorsive.

I.I.2. La soap-opera in Italia

In Italia, le soap televisive hanno il loro ascendente diretto nel *romanzo d'appendice* degli anni Trenta (si veda I.I.1). Un trait d'union chiaro a Giovanni Minoli quando sceglie per *Agrodolce* la definizione di *romanzo popolare*; una linea di discendenza ben presente anche alla riflessione di Franco Monteleone, ex dirigente televisivo e tra i massimi storici della televisione, che, nel 2004, osserva:

> il bisogno di narrazione e di racconto si è progressivamente spostato dalla ristretta occasione del buio della sala cinematografica alla ricchezza dell'offerta in piena luce dei canali tv, [...]. Uno sviluppo che non è stato privo di conseguenze sulla forma e sul linguaggio del nuovo «*romanzo popolare*» per immagine.[34]

In realtà, occorre dire che la televisione italiana proprio alle sue origini sviluppò, con lo *sceneggiato*, un genere tutto domestico capace di soddisfare le attese di narrazione della gente. Lo sceneggiato era la trasposizione televisiva di un'opera letteraria, generalmente un romanzo ottocentesco, trasmessa a puntate (in media sei, mai più di dieci). Tuttavia, la scansione in puntate e l'origine letteraria non sono sufficienti a distinguere lo sceneggiato dalle numerose miniserie contemporanee di analoga ispirazione messe in onda in due serate. Occorre invece collocarlo nel suo

---

[34] Franco Monteleone, "Dal cinema in tv alla tv senza cinema", in Vito Zagarrio (a cura di), *Cine ma tv. Film, televisione, video nel nuovo millennio*, Torino, Lindau, 2004, pag. 84 (corsivo mio)

tempo: lo sceneggiato infatti è un genere televisivo peculiare della tradizione italiana che trova la sua ragion d'esistere e il suo naturale alveo nella RAI delle origini, quella del primo ventennio, la televisione del monopolio.

Nata nel 1954 con finalità di servizio pubblico, la televisione di Stato era dichiaratamente ispirata a princìpi di azione pedagogica, in linea col pensiero del gruppo dirigente di orientamento politico cattolico-moderato (la Democrazia cristiana manterrà per tutta la fase del monopolio la sua influenza sulla RAI). In questo progetto pedagogico-culturale rientrava lo sceneggiato, che doveva fare opera di divulgazione letteraria, fornendo al pubblico - che per buona parte aveva un'istruzione minima o nulla - la versione televisiva dei titoli che non dovrebbero mancare nella biblioteca di ogni famiglia: Dostoevskij, Tolstoj, Dickens, Stevenson, Williams, Cronin, Hugo, Balzac, Dumas tra gli stranieri; Fogazzaro, Nievo, De Amicis, Verga, Capuana, Manzoni, Salgari per gli italiani.

Ma l'intento di scolarizzazione di un gruppo dirigente illuminato non sarebbe sufficiente a spiegare le proporzioni del successo di questo genere; lo sceneggiato, infatti, prima ancora di essere educativo, era popolare: venivano infatti portate in televisione opere letterarie circondate da un'aura di notorietà; la suddivisione in puntate richiamava la lezione del feuilleton; la staticità delle inquadratura rimandava all'estetica del fotoromanzo; e i testi adattati erano spesso romanzi d'appendice conosciuti dal grande pubblico. Questo spiega la produzione di centinaia di sceneggiati e i fenomeni di divismo da essi generati.

Forse questa breve ricognizione non sarà sufficiente a chiarire quale fu l'impatto di questo genere tutto italiano sull'immaginario del pubblico degli anni Cinquanta, Sessanta e Settanta; e più convincente di sicuro sarà imbattersi nel rimpianto di chi, ultracinquantenne, con una certa frequenza si ritrova a osservare che "non li fanno più quei begli sceneggiati di una volta". Che non è il lamento di chi si ostina a chiamare "sceneggiato" ogni serie televisiva che approda in televisione, ma è l'avvertire una lontananza, la lontananza da un modo di vedere (vedere la televisione) e di guardare (guardare le cose) che era tipico dello sceneggiato, di uno "sguardo" che si è sedimentato sull'immaginario di due generazioni che con lo sceneggiato hanno non solo allargato le loro conoscenze letterarie ma, su di esso, hanno fondato la loro sensibilità estetica. Ecco quello che fa dire, in occasione di ogni moderno remake: "io mi ricordo quello di quand'ero bambino: perché non li fanno più come prima?" e che è l'inconsapevole traduzione del sentimento di perdita non solo di un certo tipo di contenuti, ma anche del modello espressivo che li informava.

Ecco dunque i caratteri che concorrevano a comporne l'originale cifra stilistica: girato prevalentemente in interni con tecnologia elettronica, inizialmente trasmesso in diretta, lo sceneggiato aveva nel teatro - e non nel cinema - il suo modello di riferimento: dalle scene allestite con quinte e fondali agli attori di formazione teatrale, dalle inquadrature prevalentemente fisse alla predominanza dei dialoghi sull'azione, tutto contribuiva ad avvicinare lo sceneggiato alle forme di un teatro cinematografato.

Il genere raggiunse l'apice nel 1967 quando, con una produzione interamente realizzata in elettronica e in studio, lo sceneggiato si cimentò con il romanzo italiano per antonomasia: *I promessi sposi*.[35]

Tuttavia, la televisione italiana entrò in una fase di grandi cambiamenti. La RAI venne ristrutturata dalla legge di riforma del 1975 che, nelle intenzioni, avrebbe dovuto svecchiare tecnologie e obiettivi socio-culturali dell'azienda, rimasta ferma agli anni Cinquanta, così da garantirle una politica culturale più aperta rispetto all'iniziale azione pedagogica. Ne risultò, in concreto, una spartizione del controllo su reti e redazioni tra le forze cattoliche e laiche, con la conseguente apertura di un fronte di concorrenza interno alla RAI.

La metà degli anni Settanta vede anche la nascita delle televisioni private con, in testa, le reti Fininvest. La prima conseguenza è l'ampliamento dell'offerta televisiva, con le reti private che estendono la programmazione a fasce orarie mai prese in considerazione dal servizio pubblico. La seconda conseguenza, evidentemente correlata alla prima, è il bisogno crescente di contenuti da mettere in onda, tanto per le emittenti private quanto per la televisione di Stato, che ora si adegua a tempi e modi del palinsesto delle concorrenti. Le quali danno inizio a massicce importazioni di produzioni televisive, spingendo la RAI a fare altrettanto. Si rompe con la tradizione del primo ventennio, durante il quale la televisione italiana aveva potuto vantare la più alta percentuale di produzione interna tra i paesi europei. In capo a pochi anni, l'inversione di tendenza si realizza pienamente e la RAI diventa il maggior importatore di fiction europea. E' in questa fase che il pubblico italiano entra in contatto con la lunga serialità

---

[35] *I promessi sposi*, 1967, di Sandro Bolchi

televisiva: in particolare, l'audience femminile conosce per la prima volta le soap-opera e le telenovela di produzione americana. La popolarità di *Dallas* investe l'intera Europa, generando fenomeni di divismo di proporzioni mondiali e avvincendo milioni di telespettatori con le gioie e i dolori di una famiglia di petrolieri texani, gli Ewing. Sull'onda di questo successo, in Italia *Dallas* viene acquistata dalla RAI, ma l'ostilità verso i generi americani, unita all'assenza di una cultura della serialità negli ambienti della televisione di Stato, fa sì che il prodotto non venga valorizzato né capito. Nel 1981 *Dallas* viene infatti messa in onda non solo in una collocazione marginale, inadeguata alla prestigiosa formula con cui è confezionata, ma soprattutto senza rispettare l'ordine cronologico delle puntate, trattandole invece come episodi a sé stanti e in sé conclusi. A seguito dell'inevitabile fallimento, la RAI non rinnova l'opzione e i diritti di *Dallas* passano a Fininvest che ne fa il successo della stagione successiva, valorizzando il prodotto con una collocazione settimanale in prima serata.

Il caso *Dallas* è sintomatico dell'incapacità della RAI di adeguarsi al nuovo scenario televisivo ed è emblematico dell'approccio antitetico di televisione pubblica e privata alla serialità di importazione e quindi, più ampiamente, alla lunga serialità di fattura industriale: di fronte a "una brusca torsione dell'immaginario italiano verso il prodotto audiovisivo americano",[36] la RAI accetta di aprirsi al prodotto di importazione, non riuscendo tuttavia a superare un'inconscia avversione,

---

[36] Enrico Menduni, "Tv commerciale e cinema. Gli anni '80" in Vito Zagarrio (a cura di), *Cine ma tv. Film, televisione, video nel nuovo millennio*, Torino, Lindau, 2004, pag. 150

retaggio di un'autosufficienza che era stata motivo di vanto e di orgoglio; di contro la Fininvest, assurta nel 1984 a dignità nazionale, "nella sua ricerca di programmi già confezionati, che si fa frenetica per la grande quantità di ore da riempire con la programmazione televisiva",[37] sposa l'*american way of life*, rompendo, "insieme a molte altre convenzioni estetiche e politiche, anche il patto con il cinema italiano".[38]

L'ipotesi di una riorganizzazione industriale della RAI, volta ad assicurare all'azienda una produzione interna di fiction seriale, viene sollevata nei primi anni Ottanta, ma la questione di una serialità nazionale lunga, su base industriale, si scontra con la tradizione culturale e con i saperi professionali della RAI, così che il lungimirante Progetto Fichera viene abbandonato.

Sull'altro versante, la televisione privata, in assenza di specifiche competenze in materia di serial, trova molto più conveniente acquistare che investire nella produzione; questo risulta ancor più vero dopo la Legge Mammì del 1990 che, prescrivendo alle televisioni private di fare informazione, le obbliga a rivolgere i loro investimenti verso la creazione di redazioni giornalistiche. E ancor di più la bufera di Tangentopoli che nel 1992 si abbatte su ambienti vicinissimi a Fininvest genera un clima di instabilità e precarietà che rende difficile fare previsioni e sconsiglia di investire in progetti a medio o lungo termine, come si richiede nel caso della lunga serialità.

---

[37] Enrico Menduni, "Tv commerciale e cinema. Gli anni '80" in Vito Zagarrio (a cura di), *Cine ma tv*, op. cit., pag. 150
[38] *Ibidem*

Si può dunque ben dire che la nascita della prima soap-opera italiana segni l'inizio di una nuova fase o meglio il suo culmine. Una fase in cui le televisioni, ormai risanati i propri bilanci, sono interessate a un rilancio industriale che si accompagni a una formazione sul campo.

La svolta si manifesta nella stagione 1996/1997, quando l'esordio di *Un posto al sole*[39] su Raitre si presenta come una vera e propria innovazione nel panorama televisivo italiano, sia dal punto di vista della produzione che da quello della fruizione. Sul versante realizzativo, *Un posto al sole* rappresenta l'esito felice del tentativo di scongiurare la chiusura del Centro di Produzione RAI di Napoli: riesce a riconvertire strutture e maestranze adottando una filosofia *training on the job*, così da favorire l'apprendimento sul campo di un sistema di lavorazione industriale e garantire l'impiego continuo delle professionalità tecniche e artistiche di un centro di produzione da tempo sottoutilizzato. Sul versante della ricezione, la RAI può vantare per la prima volta nei suoi palinsesti una soap-opera autoprodotta e può giocare anche questa importante carta nella partita della fidelizzazione. Il pubblico, da parte sua, dopo un avvio sottotono della prima serie, accorda alla soap partenopea la sua preferenza, al punto che attualmente è in programmazione la diciottesima stagione:[40] a conferma della teoria che sta alla base di tutto il saggio della Buonanno più volte citato, secondo cui

---

[39] La messa in onda della prima puntata porta la data 21 ottobre 1996
[40] Stagione 2013/2014

tutti gli studi sui consumi culturali e televisivi dimostrano [...]
la netta preferenza dei pubblici di ogni paese per le storie
domestiche e in genere per le espressioni della cultura
locale.[41]

Tuttavia questa predilezione non deve essere messa in relazione
a un disinnamoramento del pubblico rispetto alle formule
americane, che mai hanno rischiato l'estinzione dai nostri
teleschermi e anzi ancora oggi sono ben presenti nei nostri
palinsesti, ma deve essere considerata una costante dei processi
culturali. A dimostrazione che la popolarità di un prodotto
domestico non è affatto in concorrenza con il gradimento per le
serie americane, rivelandosi rispetto a questo una variabile
indipendente.

E soprattutto non bisogna correre il rischio di sovrapporre questa
falsa contrapposizione di carattere contenutistico a un'altrettanto
infondata dicotomia sul piano della forma, che vedrebbe la
serialità (struttura tipicamente americana) come una forma
inadeguata a raccogliere le storie di casa nostra, lungi da ogni
possibilità di accordarsi a una narrativa riconoscibilmente e
genuinamente italiana: quel preconcetto che in fondo ha
comportato il disinteresse pluridecennale della televisione italiana
verso qualsiasi occasione di orientare la propria produzione verso
la narrativa serializzata.

Sulla strada aperta da *Un posto al sole*, anche la televisione
privata ha rivolto gli orientamenti della sua produzione verso la

---

[41] Milly Buonanno, *Indigeni si diventa. Locale e globale nella serialità televisiva*,
Milano, Comunicazione e Cultura Sansoni, 1999, pag. X

lunga serialità e ha fatto debuttare nel 1999 su Canale 5 la soap-opera *Vivere*, riconoscendo l'importanza di quel discriminante di giudizio che, nelle scelte di ordine mediatico, è la *prossimità culturale*, quella per cui "i pubblici [...] si compiacciono innanzitutto di ritrovare se stessi, i propri mondi sociali individuali e collettivi, i propri consumi e stili di vita, accenti, volti e paesaggi..."[42]

Sulla scorta di questo assunto, ogni paese europeo dalla metà degli anni Duemila ha le sue soap nazionali; l'Italia, nonostante la produzione nostrana (apertasi anche alla *sit-com*), ha mantenuto una buona dose di importazioni - oltre che dagli Stati Uniti - da Germania, Spagna e Francia; conclusasi quella fase di innovazione apertasi nella seconda metà degli anni Novanta, il panorama televisivo risultava ormai stabile.

E' in questo contesto consolidato e standardizzato, che sembrava oramai lontano da qualsiasi revisione o rinnovamento, che si è inserita, come una novità, *Agrodolce*.

---

[42] Milly Buonanno, *Indigeni si diventa*, op. cit., pag. 17

43

I.II. Il nuovo modello della soap "made in Sicily"

I.II.1. Cos'è *Agrodolce?*

Agrodolce è la fiction "made in Sicily" andata in onda dall'8 settembre del 2008 al 24 luglio del 2009, dal lunedì al venerdì, alle 20:10 su Raitre.

Coprodotta da RaiFiction (in collaborazione con RaiEducational) e dalla Regione Sicilia (dipartimento per i beni culturali), *Agrodolce* realizza le riprese nella provincia di Palermo, tra i comuni di Termini Imerese e Santa Flavia: il primo è la sede dei teatri di posa, il secondo è l'ambientazione privilegiata delle location esterne nella frazione di Porticello che, attorno a uno specchio d'acqua aperto sul Mediterraneo, raccoglie le facciate delle abitazioni dei personaggi, ricostruite poi, per gli interni, in teatro.

Questi i nuclei familiari rappresentati: i Serio, famiglia agiata dell'alta borghesia guidata da Carmelo, industriale di pochi scrupoli; i Ruffo d'Altavilla, nobili in decadenza, di cui rimane l'ultimo discendente, Federico; i Granata, famiglia di pescatori di umile condizione di stampo patriarcale; i Martorana, con Stefano, capofamiglia vedovo, Ispettore di Pubblica Sicurezza del paese; i fratelli Randazzo, gli iper-protettivi Marta e Felice che, in mezzo ai loro continui battibecchi di fratello e sorella e alle loro improbabili vicende amorose, riescono a gestire il "Fico d'India", bar/locanda presso cui alloggiano Rashid, agente di Polizia italo-tunisino, e Anna Marin, la preside del locale Liceo "Leonardo Sciascia" calata dal Nord; Lena Cutò, professoressa di Lettere presso la stessa scuola e persona integerrima, con una passione per il suo lavoro e un amore per i suoi alunni; suo fratello Tuccio, figlio di un malvivente ucciso all'interno di una guerra di mafia ed ex galeotto lui stesso, che tenta di riabilitarsi ma continua a subire i ricatti (e il fascino) della locale famiglia malavitosa degli Scaffidi.

Da questo quadro si evince facilmente la varietà dei caratteri messi in campo e l'ampiezza di prospettive a cui possono guardare le loro storie; che, risulta evidente, sono ben lontane dagli intrecci a sfondo passionale che spesso monopolizzano il genere soap. Anche i caratteri non sono dei tipi, fissi nel loro ruolo, piatti; "non ci sono personaggi tagliati con l'accetta, non c'è il bello, il brutto e il cattivo, sono tutte facce normali";[43] sono, possiamo dire, personaggi a tutto tondo, con profili psicologici giustificati e personalità coerenti; e tuttavia aperte al dubbio, alla riflessione e - chi più, chi meno - al cambiamento.

Fiction per vocazione, *Agrodolce* mutua molti caratteri della soap-opera: e per palinsesto, quindi per durata (25′ a puntata), per frequenza (quotidiana, cinque volte a settimana), per fascia oraria (preserale, a precedere *Un posto al sole*, la prima soap-opera italiana).

E per genesi, condividendo *Agrodolce* e *Un posto al sole* la paternità di Giovanni Minoli, che nel 1996 - allora neodirettore della terza rete RAI - affidava il compito di realizzare la soap tutta partenopea a Ruggero Miti. Undici anni dopo il sodalizio si ripete

---

[43] "Luca Barreca: «Molto più di una soap e una bella scommessa per la Sicilia»", 8 settembre 2008, http://notizie.interfree.it/focus/206553/luca_barreca_agrodolce_molto_piu_di_una_s oap_e_una_bella_scommessa_per_la_sicilia.shtml

con *Agrodolce* in terra di Sicilia, con i due nel ruolo rispettivamente di Responsabile editoriale e Produttore RAI, alla guida di quel romanzo popolare che chiamare soap-opera non è sbagliato ma quantomeno riduttivo.

I.II.2. Il confronto con le altre soap

E' infatti sempre l'intelligenza di Minoli che partorisce, nel 2008, *Agrodolce*. Qui, però, lo spirito è diverso: la sua lungimiranza è stavolta trascinata dal suo innamoramento per il paesaggio siciliano. Ammaliato dall'idea di avere a disposizione una varietà di esterni pressoché illimitata, è portato a scommettere contro ogni *ratio* su un nuovo tipo di prodotto audiovisivo, che scardini il modello produttivo della soap.

A Ruggero Miti (Produttore RAI per i primi sei anni di *Un posto al sole*, oggi nello stesso ruolo a Termini Imerese) confida il suo proposito: "La Sicilia è talmente bella che dobbiamo arrivare ad avere il 50% di scene girate in esterni".[44] Un intento ambizioso, se si pensa che il punto di forza di una soap consiste nell'avere tempi di realizzazione assai ridotti (rispetto a un film), grazie ad ambientazioni ricorrenti (interni di abitazioni ricreati in studio) e pertanto semplici da illuminare sempre allo stesso modo. Il procedimento è da catena di montaggio: il direttore della fotografia accende i proiettori sull'interno, il regista piazza due camere che riprendono contemporaneamente, una che fa un totale della stanza, l'altra - se si tratta, come spesso accade, di un dialogo -

---

[44] Mia intervista video a Ruggero Miti registrata a Termini Imerese (PA) il 16 gennaio 2009

che tiene i personaggi in un "campo a due".[45] Dopo aver fatto una "prova con le camere", si passa a girare la scena. Come l'inquadratura è data buona, si riposizionano le macchine da presa e si passa a girare le mezze figure. Date buone anche quelle, si cambiano le focali e si girano i primi o primissimi piani, a seconda dei casi, con le due mdp che riprendono contemporaneamente campo e controcampo del dialogo. Finiti gli "stretti" si dà "scena chiusa" e si passa a quella successiva e via così, fino al "grazie a tutti" che arriva ogni sera a dire che è "giornata chiusa". E' come una catena di montaggio: un regista bravo è un regista veloce; lo scopo è quello di "portare a casa" tutte le scene previste dall'ordine del giorno, il programma quotidiano delle riprese.

Questo è indubbiamente vero anche per *Agrodolce* che, nei teatri di posa, arriva a girare anche dieci scene al giorno. Ciascuna troupe (ad *Agrodolce* girano ogni giorno due o tre unità contemporaneamente) mantiene uno standard basato su una semplice equivalenza: a un giorno di riprese devono corrispondere dieci minuti di montato.

Per far capire la proporzione con i tempi di lavorazione di altre produzioni, basti ricordare che la fiction (intesa come serial con episodi a cadenza settimanale) realizza cinque minuti al giorno, mentre in cinema, per un minuto di montato, occorre un giorno di riprese.

---

[45] L'espressione "campo a due" non è codificata da Ambrosini, Cuccu, Cardone cui chi scrive fa riferimento, ma è consolidata nel gergo del set e per questo la segnalo tra virgolette

I.II.3. Soap e paesaggio

Rispetto al panorama delle soap fin qui descritto, caratterizzato da questo tipo di produzione industriale dell'audiovisivo, *Agrodolce* rappresenta un punto di rottura. E non perché a tali ritmi non sottostia anche il prodotto realizzato a Termini Imerese, ma perché esso riesce a mantenere questi standard uscendo fuori dagli studi delle soap, aprendosi alle strade, ai porti, alle terrazze, alle spiagge - agli esterni insomma - e adottando apparati di ripresa che non sono più quelli del teatro di posa, ma sono carrelli, steadicam e dolly, mezzi espressivi tipici della più blasonata produzione cinematografica. Insomma, apertura al paesaggio della Sicilia, e per di più esplorato con gli occhi del cinema: *Agrodolce* davvero cambia i termini estetici della soap. Tra *spazio architettonico* e *spazio filmico* si viene a istituire un legame simbiotico.

Eric Rohmer, regista e critico della Nouvelle vague, così articola la sua analisi dell'*Organizzazione dello spazio nel "Faust" di Murnau*:

> Il termine spazio, nel cinema, può designare tre nozioni diverse:

> 1) *lo spazio pittorico*. L'immagine cinematografica, proiettata sul rettangolo dello schermo - per quanto sfuggente o mobile che sia -, viene percepita e considerata come la rappresentazione più o meno fedele, più o meno bella di questa o quella parte del mondo esterno;

48

2) *lo spazio architettonico. Queste stesse parti del mondo, naturali o ricostruite, così come la proiezione sullo schermo ce le presenta, più o meno fedelmente, sono dotate di una esistenza obiettiva che, a sua volta, può essere oggetto di un giudizio estetico, in quanto tale.* E' con questa realtà che il cineasta si misura al momento delle riprese, sia che la restituisca, sia che la tradisca;

3) *lo spazio filmico. In verità, lo spettatore non ha l'illusione dello spazio filmato, ma di uno spazio virtuale ricostruito nella sua mente, sulla base degli elementi frammentari che il film gli fornisce.*

Questi tre spazi [...] sono altresì il risultato di tre processi, generalmente distinti, del pensiero del regista, e di tre tappe del suo lavoro nel quale utilizza, di volta in volta, delle tecniche diverse. Quella della fotografia nel primo caso, *della scenografia, nel secondo, della messa in scena* propriamente detta e del montaggio, nel terzo.[46]

Con *Agrodolce*, i luoghi di Porticello, il paese prediletto dalle riprese, respirano ormai le atmosfere della soap e, a loro volta, le riprese riverberano le tonalità che la luce imprime a ogni ora diversa allo specchio d'acqua di Santa Nicolicchia, il molo attorno a cui più numerose si addensano, l'una accanto all'altra, le facciate delle abitazioni dei personaggi.

---

[46] Eric Rohmer, *L'organizzazione dello spazio nel «Faust»di Murnau*, Venezia, Marsilio, 1984 (trad. it di Michele Canosa e Maria Pia Toscano), pag. 19 (corsivo mio)

I.II.4. La sigla: l'ingresso nella finzione

E' la *magic hour*, il momento magico del tramonto con la sua luce calda, a dare avvio alla sigla, quasi un manifesto programmatico della volontà di legare le storie a un territorio e al suo paesaggio (e che travalica la semplicistica mutuazione delle prime dal secondo).

Pur adempiendo al compito di presentare il cast, la sigla con i titoli di testa racconta l'esperienza di un gruppo di persone che, al calar del sole, si raduna sul molo di un paesino per assistere a una proiezione cinematografica all'aperto, chi prendendo posto sulla terraferma, chi a bordo delle lampare tipiche dei pescatori.

Proprio su una lampara, o *lumera* (che, con l'iniziale maiuscola, è anche il nome della città immaginaria in cui si ambientano le vicende) è posto il proiettore da cui emana il fascio di luce. Ad azionarlo, ogni sera, un proiezionista d'eccezione: Giovanni Minoli. Un conto alla rovescia proiettato sulla parte alta della facciata di un'abitazione (che fungerà poi da esterno per una location frequente),[47] ben visibile a tutto il paese, fa da richiamo agli abitanti che iniziano ad avvicinarsi al luogo della proiezione. C'è chi in mare ha accostato la propria imbarcazione a quella del proiezionista, c'è chi sulla spiaggia si appoggia alle barche tratte a riva, altri arrivano portandosi da casa una sedia pieghevole; un anziano aiuta la moglie a sedersi sulla sua, mentre i bambini corrono a prendere posto in prima fila direttamente sugli scogli.

Intanto, le immagini che scorrono sulla facciata ci mostrano i protagonisti della soap che si succedono raggruppati per nuclei

---

[47] Casa Lena (cfr. I.II.1)

familiari, ognuno dei quali presentato sullo sfondo di una città siciliana: si riconoscono i templi di Selinunte, il teatro romano di Taormina con l'Etna alle spalle, l'Isola delle Femmine, Piazza San Giorgio a Ragusa Ibla.

Conclusasi la presentazione del cast, la proiezione prosegue con il riassunto delle puntate precedenti (accompagnato in colonna sonora da una variazione sul tema principale) fino alla scena che era rimasta interrotta il giorno prima, che adesso prosegue senza soluzione di continuità dando avvio alla nuova puntata.

La narrazione adesso non è più doppiamente incorniciata nello schermo televisivo e in quello cinematografico della sigla, ma si appiattisce sul televisore; noi che finora eravamo stati spettatori di secondo grado, diventiamo "loro"; la narrazione ritorna su di un solo livello; intanto, però, siamo stati accompagnati dentro l'universo della finzione (dichiarata esplicitamente tale dall'espediente della proiezione), una finzione che non è quella di *Una gita in campagna* (*Partie de campagne*, 1936) di Jean Renoir,[48] ma quella di una semplice soap delle 20:10 di Raitre.

---

[48] Sui titoli di testa di *Partie de campagne* basa la sua analisi Roger Odin, esponente della semiopragmatica, la branca della semiotica che studia i modi in cui il film lavora sullo spettatore e ne costruisce gli atteggiamenti. Dall'apparizione della prima immagine sullo schermo alla comparsa dell'ultimo cartello dei credits, sono questi i momenti cruciali in cui viene costruita la progressiva entrata dello spettatore nella finzione e la sua legittimazione. I titoli di testa sono insomma la soglia tra il *continuum* esistenziale dello spettatore, temporaneamente da disattivare, e il mondo immaginario che si sta per produrre sullo schermo, il limbo in cui ancora convivono due contrapposte posizioni percettive e psicologiche: il *sapere* di stare per assistere a una ricostruzione immaginaria, denunciata dallo scorrere dei nomi delle persone coinvolte nella sua realizzazione, e al tempo stesso il *credere* che quanto si sta per guardare sia vero, reale.
Cfr. Pierpaolo De Sanctis, *Ricezioni espanse. Il film e le sue cornici*, Tesi di dottorato, Università degli Studi di Roma Tre, 2005, pagg. 18-19;
cfr. Roger Odin, "L'entrata dello spettatore nella finzione", in Lorenzo Cuccu, Augusto Sainati (a cura di), *Il discorso del film*, Napoli, ESI, 1987, pagg. 263-284

Questa breve narrazione per immagini - che pure assolve *in primis* alla necessità strumentale di fare da sfondo ai titoli di testa - pertanto vanta nondimeno un valore aggiunto, quello di accompagnare gradualmente lo spettatore all'interno della narrazione, di traghettarlo senza scossoni nel regno della finzione.

Siamo ben lontani dalla critica che Vito Zagarrio esprimeva nel suo *Cine ma tv* a proposito della programmazione di film sulle emittenti private locali di fine anni Settanta che, con amarezza, il regista e critico siciliano osservava essersi ridotta a un "flusso continuo di pellicole che vengono riproposte in maniera acritica e ipnotica *senza neppure il fascino della sala cinematografica o il trauma in dissolvenza delle luci che si spengono o l'immaginario che il fascio luminoso riesce a creare.*

Il film della tv locale è un frammento di spettacolo anonimo, digerito in modo svogliato, mentre si lavora o si mangia o altro, ancor più di quella nazionale che bene o male ha appuntamenti fissi".[49]

Come non ricordare allora di contro la cadenza settimanale di Lunedìfilm, introdotta - sulle note di Lucio Dalla e degli Stadio - dal volo di una colomba dalle ali di pellicola che, dopo aver volato tra i loghi delle più celebri major, andava a posarsi al centro del nostro televisore, diventato per noi schermo cinematografico, alternativamente illuminato in positivo-negativo-positivo a significare la magia del buio in sala rimpianta poco sopra. Erano i tempi in cui i film non arrivavano logori al primo passaggio sulla tv

---

[49] Vito Zagarrio, "Introduzione. Da «Matrix» a «Metix»", in Vito Zagarrio (a cura di), *Cine ma tv. Film, televisione, video nel nuovo millennio*, Torino, Lindau, 2004, pag. 19 (corsivo mio)

generalista, ormai inflazionati dal passaggio dvd / pay-tv / pay-per-view: "prima tv" significava veramente primo passaggio sugli schermi televisivi e bastava la sigla di Lunedifilm per tenerci incollati davanti al televisore. Rimasta invariata fino alla metà degli anni Duemila, come in una resistenza all'anacronismo a cui era ormai da tempo andata soggetta, la sigla di Lunedifilm racchiudeva però in sé la ritualità dell'appuntamento fisso.

Oggi che, per l'ampiezza del ventaglio dell'offerta, la fidelizzazione del grande pubblico può essere costruita solo attraverso la serializzazione,[50] ecco che lo stesso catalizzatore di attenzione viene usato per introdurre le fiction coprodotte internamente, con la videografica della pellicola che scorre tra i loghi delle tre reti Mediaset su un jingle divenuto un marchio di fabbrica come a dirci: "Attenzione! Sta per cominciare qualcosa che sicuramente vi piacerà!".

Lo stesso vale per il cartello "RAI RADIOTELEVISIONE ITALIANA presenta" su fondo nero e senza suoni che, interrompendo il chiassoso e variopinto carosello pubblicitario che precede la prima serata, introduce ormai da quattordici anni[51] *Il commissario Montalbano*, conferendo all'appuntamento un carattere di istituzionalità e calandoci in un'atmosfera da sala cinematografica.

---

[50] "Con un monte ore televisivo giornaliero che nel nostro Paese - con riferimento alle sole televisioni generaliste: Rai, Mediaset, La7, altre private nazionali - supera le 200 ore quotidiane di programmi, senza contare la proliferazione delle locali e senza parlare dell'offerta planetaria satellitare, che ha numeri vertiginosi, - gli unici messaggi che possono sperare di avere un'incidenza sono i messaggi reiterati, cioè i messaggi seriali."
Gianpiero Gamaleri, "La produzione seriale", in Vito Zagarrio (a cura di), *Cine ma tv*, op. cit., pag. 167
[51] Ventisei film dal 1999 al 2013

Bene, *Agrodolce* fa molto di più. Va oltre il cartello iniziale su fondo blu e al trillo che suona come un richiamo all'attenzione d'altri tempi (si ricordi il triangolo in basso del teleschermo che ricordava l'inizio di un programma sul secondo canale) e fa seguire una vera e propria messa in scena del rito collettivo dell'andare al cinema, tutta giocata sull'esperienza della sala cinematografica all'aperto, già visitata dalla cinematografia siciliana con *Nuovo cinema Paradiso* (1988) di Giuseppe Tornatore, nativo di Bagheria, un'uscita autostradale e meno di dieci chilometri a separarla dalla Porticello della sigla.

Peraltro, il motivo del recarsi al cinema come fatto aggregante nei piccoli paesi sembra affascinare i registi siciliani: chi scrive infatti ha avuto la possibilità di assistere nell'agosto del 2008 alle riprese del film *La bella società* (2010) in cui il regista Gian Paolo Cugno, in un esterno notte ambientato negli anni Cinquanta, dirigeva tre gruppi di figurazioni in costume da paesana che si incontravano a un trivio e confluivano accalcandosi sulla discesa verso la piazza del paese, per andare ad assistere a una proiezione all'aperto, ciascuna "paesana" con la propria sedia impagliata portata da casa sotto braccio.

Sulla stessa strada un gruppo di bambini rincorre la pizza di una pellicola lasciata rotolare giù per i vicoli scoscesi di Calascibetta (EN).[52] Tra quei ragazzini, anche il figlio della protagonista (interpretatata da Maria Grazia Cucinotta), caduta, per l'influsso di un cinematografaro romano (Raoul Bova), sotto la malia di quel

---

[52] Si ricordi anche la pellicola, come oggetto di gioco da tenere tra le mani, in *Baarìa*, in cui il protagonista da bambino recupera gli scarti del montaggio (*Baarìa*, 2009, di Giuseppe Tornatore)

mondo poi rivelatosi crudele. Come non pensare allora al mito del cinematografo portato fino a Monterosso Almo (RG) da Sergio Castellitto/Joe Morelli, *Uomo delle stelle*[53] capace di dare a ciascuno l'illusione che la grande occasione può arrivare per tutti.

Nel nostro caso, la passione per il cinema accomuna persone di tutte le età che si recano a una proiezione tutti assieme. La sigla giocata sulla sala all'aperto ci rende partecipi dello stesso rito collettivo, ci fa partecipare della stessa attenzione che hanno gli abitanti di Porticello nell'andare a sedersi tutti assieme per assistere alle avventure dei loro paladini.

Ci ritroviamo così ad essere spettatori di secondo grado: vediamo coloro che vanno a vedere un film, vediamo gli abitanti di un paesino sul mare che vedono i protagonisti presentati sugli scorci di altre città. In realtà, poi, quei personaggi si muoveranno proprio là dove loro sono seduti ora come spettatori. Quindi, quegli spettatori di primo grado altri non interpretano che gli abitanti di Porticello che vanno a rivedere quello che hanno visto girare sulle loro strade, sulla loro costa. Non per niente, vanno a vedere una proiezione cinematografica, quindi qualcosa che è stato girato tempo prima e che, a giudicare dalle loro espressioni incuriosite, aveva creato un'aspettativa.

Ma, in questo continuo gioco di rimandi tra spazio architettonico e spazio filmico (questo a sua volta caricato di più valenze), i protagonisti di questa sigla sono gli abitanti di Porticello o gli abitanti di Lumera? E *Lumera* è la città delle *lampare* (cioè dei pescatori)? O è la città dei *Lumière*, gli inventori del cinema come

---

[53] *L'uomo delle stelle*, 1995, di Giuseppe Tornatore

fatto collettivo? E' la città dei film, archetipo di tutte quelle città siciliane che finiscono per identificarsi con i film che vi si girano?

E in questa messa in scena dei rapporti tra televisione e cinema, si inserisce anche una componente teatrale. Nella sigla, infatti, gli attori si presentano come tali: sguardo in macchina, si rivolgono allo spettatore e non hanno paura di presentarsi con il loro nome e cognome, mentre si atteggiano nei rapporti loro prescritti dai vincoli di parentela tra personaggi, ciascuno col proprio costume di scena. Come quando a teatro, alla fine di una rappresentazione, ciascun attore va in proscenio a presentarsi; come a dire: "Salve, sono quello che avete visto così truccato e vestito e che faceva il padre (la figlia/l'innamorato/il forestiero)". Soltanto che qui avviene all'inizio.

Così Veronica prende sotto braccio il figliastro Federico, che ricambia con una carezza sulla mano di lei; Tuccio abbraccia alla vita la sorella Lena, baciandola sulla guancia; Turi tiene un braccio sulle spalle della moglie Peppa e le dà un bacio leggero sulle labbra; Rosi indica col dito la direzione verso cui guardare allo zio Ermanno che, rimasto con l'ingenuità e la semplicità di un bambino a causa di un incidente, sta giocando con un cagnolino nero; il vedovo Stefano si presenta invece assieme alla suocera Agata, con i due che tengono in mezzo il piccolo Michele, il quale si sistema i capelli scompigliati dalla carezza affettuosa della nonna; Felice, scapolone quarantenne, sospira dopo che l'assillante sorella, la zitella Marta, gli ha sistemato il colletto della camicia per non farlo sfigurare davanti a tutti; il potente Carmelo abbraccia le due donne della sua vita - la madre Ignazia e la moglie Beatrice - mentre la figlia Lucia rivolge uno tenero sguardo al fratellino Ciccio, come a chiedergli: "Sei contento di essere in televisione?"; Rashid, poliziotto di colore, si toglie il berretto d'ordinanza per presentarsi al pubblico italiano.

E se i caratteri non fossero stati ancora sufficientemente sintetizzati, i costumi fanno il resto: i Ruffo d'Altavilla si presentano nella loro nobiliare eleganza; i fratelli Cutò indossano i pullover casual dei giovani che non danno troppa importanza all'apparenza; quelli dei Granata sono gli abiti che può permettersi una modesta famiglia di pescatori (camicia a quadri, tuta da ginnastica); l'ispettore Martorana è in giacca e camicia scure che si addicono alla sua figura professionale e che si intonano all'abito del figlioletto e alla classe della suocera; gli over 40 fratelli Randazzo con i loro golf e la maglia della salute che spunta dal colletto della camicia non brillano per cura e originalità, i borghesissimi Serio coniugano ai loro eleganti e preziosi abiti (completi, camicie, gilet) accessori di egual valore (cravatte, collane, cerchietti); l'agente Bassir indossa la divisa della Polizia di Stato.

In più, la sigla di *Agrodolce*, pur adempiendo a questa funzione canonica e codificata di esplicitare i ruoli, richiama, nella scelta di presentare i personaggi a mezzo busto e su di uno sfondo fisso, il teatro di burattini, grande catalizzatore di racconto e di attenzione verso la tradizione orale.

I.II.5. Le citazioni: l'immaginario del cinema nella televisione

Affrontata questa parte di contiguità con la pratica teatrale - che, peraltro, ci ha permesso di toccare quella sezione dell'analisi dello spazio architettonico che Rohmer dedica ai costumi - ci sembra il caso di ritornare al rapporto che si instaura in *Agrodolce* tra televisione e cinema e che abbiamo in precedenza soltanto accennato. Il punto di partenza può essere una frase di Jean-Paul Fargier che dice: "Le immagini sono, per il Video, ciò che il mondo è per il Cinema",[54] cioè "il video usa *le immagini cinematografiche* come set, usa quello che è *già stato girato*, usa l'immaginario che si è depositato nel cinema durante tutto il '900".[55] Riflessione calzante per *Agrodolce* che, come detto, per presentare i suoi personaggi, usa nella sua sigla il topos della sala cinematografica all'aperto. Il primo ambito a cui attinge *Agrodolce* è dunque l'immaginario dell'*andare al cinema*.

Questo è per di più rafforzato dal fatto di essere una citazione da un film metacinematografico, *Nuovo cinema Paradiso*,[56] che aveva fondato la sua forza proprio sulla suggestione della sala cinematografica e sul fascino del proiettore.[57]

Ecco, *la proiezione*: il secondo espediente che nella nostra sigla attinge all'immaginario del cinema. Questo elemento merita

---

[54] Jean-Paul Fargier, "Gli inseparabili", in Valentina Valentini (a cura di), *Intervalli tra film video televisione*, Palermo, Sellerio, 1989, cit. in Sandra Lischi (a cura di), "Pensautori tra cinema e video", in Sandra Lischi, *cine ma video*, Pisa, edizioni ETS, 1996, pag. 52

[55] Sandra Lischi, "Cinema e video: riletture, riscritture", in Vito Zagarrio (a cura di), *Cine ma tv. Film, televisione, video nel nuovo millennio*, Torino, Lindau, 2004, pag. 196

[56] *Nuovo cinema Paradiso*, 1988, di Giuseppe Tornatore

[57] Cfr. I.II.4, pag. 32

un'attenzione maggiore perché esso articola più in profondità i rapporti tra video e cinema. La sigla ci mostra infatti un'immagine dentro l'altra: la scena dei pescatori e dei paesani che vanno a vedere una proiezione (livello A) e il contenuto di questa proiezione stessa (livello B). Questa immagine B (i protagonisti che si presentano sullo sfondo delle varie città siciliane) non ha però una natura cinematografica; vale a dire: non è realmente proiettata, ma è inserita dentro l'immagine A attraverso un procedimento che definiamo genericamente di "intarsio". Peraltro sarebbe stato impossibile esporre correttamente sia la location col molo sia la sequenza proiettata, che sarebbe risultata molto più chiara e assai poco visibile in assenza di un ambiente buio. La sua leggibilità è così parzialmente giustificata solo dal fatto che il sole sta ormai calando e la luminosità circostante si va attenuando. Ne deriva quindi che il video usa l'immaginario del cinema, rendendolo ancora più vero attraverso un processo di intarsio a se stesso connaturato.

Quanto alla realizzazione tecnica di questo effetto, c'è da rilevare che esso non è stato ottenuto tramite chroma-key, ma interamente in post-produzione, senza cioè che in fase di ripresa di esso ci fosse traccia.[58]

Credo sia interessante mettere in rilievo poi che l'immagine B, a sua volta, è la risultante dell'intarsio di due altri livelli: un livello che chiameremo B1, fatto dei personaggi intenti alla loro autopresentazione, e un livello B2, dato dalle immagini fisse di città che fanno da sfondo. In questo caso, l'intarsio è stato

---

[58] Conversazione privata con Alessio Micieli (assistente alla regia), Plaja Grande (RG), 24 gennaio 2010

ottenuto mediante green-studio. Ecco così che due differenti serie di immagini realizzate in digitale (B1 e B2) vengono intarsiate l'una nell'altra tramite un classico effetto video, per realizzare il contenuto di un'immagine pseudo-cinematografica (la proiezione). Questa a sua volta camuffa la sua reale natura digitale, facendoci dimenticare di essere stata realizzata con un processo video allo scopo di rendere più verosimile un'atmosfera cinematografica, destinata a sua volta alla televisione, al video.

In *Agrodolce*, il chroma-key viene anche utilizzato applicando una membrana verde sugli schermi dei televisori di scena sui quali si intarsieranno le immagini opportune, rendendo così l'idea che siano accesi e che stiano trasmettendo. Voglio ricordare un episodio che mi sembra significativo alla luce di quanto detto fin qui: nella puntata dell'8 aprile 2009, a casa Granata il televisore è "acceso" su *Art News*, un programma culturale in onda su Raitre; in casa Ermanno è da solo. Mi piace pensare che sia stato lui ad accendere la televisione e a scegliere questa trasmissione che parla di arte; lui, personaggio buono e infantile che ama dipingere. E mi piace pensare che questa scena voglia indicare una funzione positiva della televisione, in sintonia con quello che Fargier scrive a proposito del film *Adieu Philippine* (*Desideri nel sole*), 1963, di Jacques Rozier: "la Televisione è presentata in modo positivo. Un membro della famiglia dell'eroe dichiara anche (vox populi) che la "Televisione è il futuro" [...] Rozier sembra dimostrare un'estrema fiducia verso questo nuovo mezzo."[59]

---

[59] Jean-Paul Fargier, "Gli inseparabili", in Valentina Valentini (a cura di), *Le storie del video*, Roma, Bulzoni Editore, 2003, pag. 95

I.II.6. I teatri di posa: l'impronta del territorio

In precedenza, parlando di come era stato utilizzato il chroma-key per la sigla sul set in interni, si è usata la forma "green-studio" al posto della più comune "blue-studio", perché chi scrive era presente alle riprese della sigla e ricorda che gli attori effettivamente si muovevano su di un fondale verde.

Era il mese di maggio del 2008 quando il mio amico Alessio Micieli mi invitò a fare un salto a Termini Imerese, dove lui già lavorava, per visitare il set. "Tra due giorni giriamo la sigla in interni. Se ti va, ti faccio passare una giornata sul set, così conosci anche gli attori, dato che saranno presenti tutti", mi disse al telefono. C'eravamo stati assieme la prima volta ai MedStudios a Termini, nel settembre del 2007, per lasciare i nostri curricula, quando ancora non c'erano neppure le indicazioni stradali e trovare i teatri di posa era stata un'impresa. In realtà, degli "studios" del nome non c'era ancora traccia: nell'ex colonia scolastica di proprietà della Regione, che spuntava dietro una curva dopo sette chilometri di tornanti, arroccata su una montagna, c'erano soltanto gli uffici dell'Einstein Multimedia e alcuni ragazzi che dipingevano e montavano quelle che sarebbero diventate le location interne.

A distanza di otto mesi tutto era cambiato: Alessio mi venne incontro all'ingresso e mi introdusse in un lungo corridoio. Lo percorremmo tutto, due volte trovammo una pesante porta, di quelle tagliafuoco col maniglione antipanico. Tutte e due le volte Alessio la aprì e oltre essa il corridoio continuò. Il tragitto era appena illuminato; a destra e a sinistra si susseguivano come delle facciate di abitazioni, solo che di esse si riconoscevano soltanto dei dettagli, la porta d'ingresso in una, due finestre in un'altra. Gli interni di queste case erano bui, tutto era spento: sembrava di attraversare una città fantasma, con la differenza che non stavamo percorrendo una strada, bensì un corridoio interno. Io seguivo Alessio e non facevo domande. A un certo punto il percorso finì e, senza aver capito come, ci ritrovammo in un'elegante cucina in stile contemporaneo, con un'ampia isola rossa che faceva bella mostra di sé sulla destra, accessoriata con un grande piano cottura in vetroceramica e un avveniristico lavello. Attraversammo la porta opposta a quella da cui eravamo entrati e ci ritrovammo su un set. C'erano due monitor, il regista che dava indicazioni a un ragazzo alto che stava in piedi, alcuni andavano via salutando e dicendo "per oggi abbiamo finito", tanti altri restavano ad affollare quello spazio buio. C'era anche una parte illuminata da grossi proiettori, ma tutti restavano al di qua, nel settore in penombra. Alessio mi indicò un angolo dove sarei potuto rimanere senza essere di intralcio ad attrezzisti o macchinisti e io mi appoggiai allo stipite di una porta.

Iniziai a guardarmi attorno: sulla parete c'era un interruttore di ceramica, di quelli rotondi antichi, da cui si dipartiva verso l'alto un doppio filo elettrico intrecciato; pensai che doveva essere un impianto fuori legge ormai da anni. Sulla parete ad angolo uno specchio proseguiva in una consolle dorata. Le mattonelle del pavimento erano decorate a fiori. Guardai bene e mi accorsi che il set era stato montato all'interno di un salone in stile liberty. Alcune poltroncine erano state spostate per fare largo a un ampio pannello verde che campeggiava in mezzo al salone, circondato da scale e luci, del tutto estraneo all'arredamento di quell'ambiente. Mi sembrò strano che si dovesse girare dentro un salone e dissi fra me e me che era un peccato allestire un set proprio lì dentro e far passare cavi e stativi in mezzo ad arredi così antichi, preziosi e sontuosamente ornati.

Mentre facevo questi ragionamenti, la porta a lato a me si aprì e ne entrò un ragazzo con una radiotrasmettente in una mano e un rotolo di nastro isolante nell'altra. La luce del sole squarciò come una lama quel buio artificiale. Capii che quella porta non conduceva in una camera, ma direttamente fuori. Trovai bizzarro che una tipica porta da interni aprisse direttamente sull'esterno. Fu allora che guardai in alto e con mio sommo stupore mi accorsi che quel salone non aveva soffitto. O meglio: il soffitto c'era, ma era quello di un ambiente molto più grande e molto più alto. Solo a quel punto realizzai che lì dentro tutto era finto: quel salone altro non era che una ricostruzione o - come avrei imparato a dire - una location interna.

Ho voluto raccontare questo aneddoto per mostrare quante facce possono avere le scenografie entro cui si gira, il profilmico o, per rimanere fedeli a Rohmer, lo spazio architettonico. Ho scelto *Agrodolce* come oggetto di questo studio individuando in esso uno dei due prodotti audiovisivi[60] che più accordano il loro interesse al paesaggio siciliano e da esso traggono il loro valore

---

[60] L'altro, come spiegato nell'introduzione, è la serie *Il commissario Montalbano*, 1999-2013, di Alberto Sironi

aggiunto, sia nella bellezza estetica delle scene, sia nelle storie che di esso si nutrono.

In realtà ritengo che oggetto di attenzione debbano essere non solo le location esterne, ma anche quelle interne, incoraggiato da quello stupore iniziale che mi ha sopraffatto quando ho percepito quanto mutevoli possano essere le scenografie di un set in interni, a quante variabili possa andare incontro la ricostruzione di un ambiente, con quanta complessità si configuri lo spazio architettonico.

I MedStudios, i teatri di posa in cui si gira la soap-opera *Agrodolce*, sono ricavati all'interno di quella che era un'istituzione scolastica, un ex colonia della Regione Sicilia. Al primo piano si trovano gli uffici della produzione, i camerini per gli attori, la sartoria con i costumi, le stanze per il trucco e il parrucco. Il piano terra è quello dedicato alle location. E' interessante notare che queste non nascono dentro teatri di posa costruiti ad hoc, progettati cioè per ospitare grandi scenografie, ricostruzioni di intere abitazioni, ma sono riconfigurazioni di ambienti preesistenti. Non ci si trova di fronte agli studi di Cinecittà o ai grandissimi capannoni dei fratelli Cartocci, per citare due esempi romani di progetti nati per il cinema: qui siamo dentro un'ex colonia estiva, con una propria fisionomia, fatta di stanze, corridoi, scale interne, porte. La prima difficoltà del reparto di scenografia è stata quindi quella di riconvertire questi ambienti, sfruttando tutto quello che la struttura già offriva: e così un'apertura che interrompe il prospetto principale ecco che vale come l'ingresso del commissariato di Lumera, apponendo un'opportuna targa; una porta che si apre su un cortile interno diventa l'ingresso del liceo Leonardo Sciascia, realizzando una scritta sopra di essa. Il lungo corridoio interno che le collega poi sarà per un terzo destinato alla prima ambientazione, per i rimanenti due terzi alla seconda. A dividere i due ambienti, alcuni chilometri nella Lumera com'è ricostruita nello spazio filmico della soap e soltanto una porta nella concretezza dello spazio architettonico. Prima di essa troveremo allora affisse al muro le disposizioni della Questura di Palermo, oltre essa le circolari del Ministero dell'Istruzione. La prima stanza che si apre sul corridoio sarà l'ufficio dell'ispettore Stefano Martorana, la seconda e la terza rispettivamente l'aula in cui insegna la professoressa Lena Cutò e la presidenza in cui si è insediata Anna Marin. Dal fatto che questi interni siano l'uno attaccato all'altro, consegue poi il fatto che non è previsto uno spazio per la regia, che deve ogni volta essere ricavato dentro quella o quell'altra stanza al momento non impegnata per le riprese, ma comunque prossima al set. Pertanto questi ambienti non rimangono allestiti, scenografati - come si dice in gergo -, ma possono essere di giorno in giorno stravolti per lasciare spazio alla troupe. Stesso discorso vale per il reparto di fotografia che, non disponendo di un sistema di illuminazione integrato al soffitto dei teatri di posa, deve far passare stativi, bandiere, gelatine e proiettori attraverso le porte al grido di "via dai passaggi" e deve ogni volta predisporre la fotografia ex novo (nonostante che il vantaggio di fare una soap dovrebbe essere legato alla comodità di girare sempre negli stessi ambienti).

Da quanto fin qui descritto risulterà chiaro che la realizzazione delle location interne è stata pertanto guidata da una serie di soluzioni che hanno saputo egregiamente ovviare ai limiti connaturati nella struttura preesistente. Limiti che hanno reso il lavoro iniziale molto meno semplice e molto meno veloci e agevoli le riprese di tutti i giorni: così, per portarsi su "casa Martorana", si deve necessariamente attraversare tutto il salottino di Marta Randazzo e, dopo, passare sul pianerottolo di una scala di servizio interna in disuso; con l'arrivo nella storia della preside Marin, per il suo appartamento non si è trovata soluzione migliore che scenografarlo dentro una stanza dell'ospedale di Lumera; per accedere a "casa Altavilla" l'unico passaggio è attraverso "casa Serio" (e la cucina di cui sopra), nella quale peraltro una porta che vediamo in campo in un corridoio non conduce in alcun'altra stanza, ma soltanto al bagno di servizio del piano terra.

Quanto alla necessità di mantenere un elevato grado di trasformismo delle location, c'è da dire poi che alcune di esse scompaiono con l'uscita di scena dei personaggi nel corso delle puntate: e così "camera Veronica" e il suo armadio, ultima traccia di quella che era stata un'elegante camera da letto, diventano il nascondiglio perfetto per le pizze che gli assistenti alla regia devono tenere da parte per gli attori e sottrarre alla fame dei macchinisti.

Stessa sorte per "camera Rashid", che aveva in più la particolarità di trovarsi, come luogo filmico, al secondo piano del "Fico d'India": l'agente, per ritirarsi nella stanza che aveva preso in affitto presso la locanda, saliva le scale che si partivano da dietro il bancone. Sennonché la location era poi scenografata nella stanza accanto.

Altre volte, invece, lo spazio filmico rende perfettamente l'organizzazione dello spazio architettonico, come a "casa Lena", a cui si accede dalla porta della cucina e che è possibile percorrere in maniera lineare dentro il living e fino alla camera da letto per gli ospiti e a quella della stessa Lena. Tuttavia, anche in presenza di un interno uniforme, questo raramente viene esplorato dalla mdp con questa disinvoltura, cioè non capita quasi mai che una location sia tutta *campo*. Riprendiamo appunto l'episodio con cui avevo aperto questo paragrafo (le riprese della sigla in interni) e vediamo come ogni set si configuri come uno spazio architettonico leggibile sotto più livelli:

- la sigla viene girata davanti a un pannello verde per ottenere poi un intarsio tramite la chiave di colore. Questo green-screen è l'unico elemento di scenografia: il set è tutto lì;
- questo set tuttavia è realizzato all'interno (al di sopra, potremmo dire) di una location, sovrapponendosi a "salone Altavilla", che viene utilizzato dalla troupe come *fuori campo*;
- questo interno, a sua volta, sappiamo che è stato realizzato dal reparto di scenografia non dentro un vero e proprio teatro di posa, un ambiente neutro, un contenitore, ma dentro un luogo con una propria identità, la palestra di quella che era una colonia per bambini.

Da queste considerazioni emerge che lo spazio architettonico di *Agrodolce* può essere così suddiviso:

- livello 1: lo spazio preesistente all'allestimento della location, l'architettura su cui è stato adattato il teatro di posa. E' il caso della palestra entro cui viene realizzata tutta "casa Altavilla";
- livello 2: la location. Quando si entra in una location interna, il suo potere mimetico è altissimo, l'impressione di realtà totale. Ho diffusamente raccontato del mio stupore. Quel luogo

sembra esistere anche prima di un ciak e anche dopo lo stop, ha una vita sua propria, trova la sua ragion d'essere anche al di fuori delle riprese e non è motivato solo da esse.

E' a questo livello che la troupe vive maggiormente quello spazio, è a questo livello che diventa di sua pertinenza. Prendiamo l'esempio di "casa Lena", per citare una location a me cara per averci lavorato più spesso: se si gira nel living, la regia si approprierà della cucina; se le riprese si spostano nel corridoio, la troupe starà comoda nel living; se la scena è prevista in "camera Lena", il combo del regista e della segretaria di edizione, il video control del direttore della fotografia e il carrello con le apparecchiature del fonico di presa diretta verranno stretti dentro "camera Claudio" (che, per la cronaca, è il collega di educazione fisica con cui la giovane professoressa condivide l'abitazione). E' così che la troupe impara a conoscere questo luogo e a ritagliarsi il proprio raggio d'azione: il fonico sa ormai dove piazzare il suo microfonista perché l'asta col boom non sia in campo; l'assistente alla regia sa che se in quel blocco di puntate il professor Claudio Silvestri non è previsto, allora sotto il suo letto troverà sicuro riparo il cartone con la focaccia bianca di cui è tanto ghiotto l'attore che quel giorno è di scena; il segretario di produzione sa che in una camera potrà approntare una stanza d'appoggio per fare cambiare l'attrice o per i ritocchi di trucco e parrucco tra una scena e l'altra. Lo spazio architettonico, al grado 2, è anche quel luogo in cui niente è come sembra: è quello per cui una sedia non è una sedia ma è scenografia; è quello per cui un armadio non è un armadio, ma un posto abbastanza sicuro per tenere pronti gli stralci da dare alla troupe, se l'anta non "fa azione"; è quello per cui un pavimento dipinto a mattonelle, al tuo passaggio cigola come le assi di legno di cui invece è fatto; è quella mattonella, identica a tutte le altre tranne per il fatto che, mentre era "motore" e tutto attorno era silenzio, tu ci avevi messo il piede sopra e lei aveva scricchiolato; è quel punto che devi evitare, dunque è uno spazio che devi conoscere per poterci lavorare bene; è anche la sedia della cucina su cui alle cinque del pomeriggio si era seduta l'aiuto-costumista in prova a 50 euro la settimana, quando un runner le aveva fatto notare: "Guarda che quella sedia è di scena. Lo sai che non la puoi usare?"; è la porta da cui quel runner se n'era andato in silenzio quando lei gli aveva risposto: "E tu lo sai che io per venire al lavoro mi alzo tutte le mattine alle quattro e mezza?"

E' insomma ciò che esiste al di là delle riprese e ciò che vive del loro mutevole fuori campo;

- livello 3: è il profilmico, quella porzione della scenografia che c'è davanti alla mdp, quella che diventa oggetto dell'inquadratura, tutto ciò che è *campo*, lo spazio che si può osservare guardando la puntata.

Mi sembra, tuttavia, che i teatri di posa di *Agrodolce* non vivano soltanto delle luci, dei rumori e delle battute recitate in una giornata di riprese. Essi vivono anche del silenzio che cala sulle location quando il primo segretario di produzione chiude a chiave l'ingresso di "casa Martorana"; delle indicazioni che senti arrivare a tarda sera da un "salone Serio" in cui la scenografa e la sua vice hanno trovato lo spazio per montare una grossa tenda araba per la settimana dopo; dei racconti della sera prima che ti arrivano dalla voce di due attrezzisti quando, camminando per i teatri la mattina presto, li trovi dentro un "salone Altavilla" tutto incellofanato, unico posto dove potevano mettersi a pitturare quel grande fondale che hanno affidato loro.

"A Ce', no, stavo a pensa' 'na cosa."
"Che cosa?"
"Perché non te la vai a pija' ner culo?" si divertiva a ripetere un imbianchino all'altro, ne *L'intervista* (1987) di Federico Fellini, mentre Sergio Rubini, visitando i teatri di Cinecittà, arrivava allo studio 5.

Tutte quelle volte che le location sono - come dire - in standby e, nella penombra di un luogo disabitato, si prestano ad altro (come pure nell'episodio del green-screen sovrapposto alla location originaria), tutte quelle volte mi sembra che quello spazio architettonico si dia a un livello 0.
Allo stesso grado, gli interni spenti sono anche i segni di una cultura: i teatri chiusi sono la traccia di un lavoro, di una produzione. Se ci sono, vuol dire che qualcuno lì gira una fiction. E non è così banale questo; non è affatto scontato che ci siano degli studios in Sicilia.
A quel medesimo grado 0, pertanto, ritengo si configurino le location interne ogni volta che, camminando per il lungo corridoio del piano terra su cui si affacciano a destra e a sinistra, le troviamo prive dell'illuminazione, chiuse, inaccessibili, simulacro di risate, sguardi, pensieri, dialoghi, che sembrano soffocati

nell'oscurità che c'è dietro i vetri di quelle finestre finte e che aspettano di riecheggiare e riprendere consistenza in un nuovo ordine del giorno.

Si è detto che in alcuni casi un interno mostra una particolare fisionomia perché è stato giocoforza dover rispettare la posizione di un pilastro o di una parete portante. Racconta il Produttore RAI Ruggero Miti al proposito:

> Non c'erano studios a Termini; ma non mi sono dato per vinto. E ho trovato questa colonia. Quando sono venuto a fare il primo sopralluogo ho visto la palestra che era di 700 mq; a me ne servivano 1500-1600 per fare una soap-opera. Intanto abbiamo utilizzato la palestra di questo complesso che erano quei 700 mq completamente senza colonne; poi abbiamo utilizzato le aule, il refettorio: le aree più ampie sono diventati piccoli set. E' chiaro che siamo arrangiati, per il fatto stesso che qua e là ci siamo trovati di fronte a un muro di traverso. Però, proprio per questo, forse queste location sono più autentiche che se fossero state fatte negli studi.[61]

Altre volte invece (e forse questo può sembrare meno ovvio) la configurazione di un ambiente è stata dettata addirittura dalle facciate delle case di Porticello, concesse dagli abitanti come location esterne: per cui se "esterno casa Altavilla" presenta,

---

[61] Mia intervista video a Ruggero Miti registrata a Termini Imerese (PA) il 16 gennaio 2009

sopra il portone, un decoro in ferro battuto, lo stesso deve essere visibile anche dall'interno e, pertanto, ricreato su una parete in teatro; e una volta concessa la veranda di "casa Lena", la stessa inclinazione della facciata dovrà essere resa nella rispettiva location interna, anche se la stanza in cui viene rimontata ha una parete perfettamente rettilinea. Dunque, davvero i teatri di posa di *Agrodolce* portano su di sé le tracce del paesaggio e del territorio.

Tuttavia, la soap-opera "made in Sicily" nasce anche con la volontà di lasciare a sua volta la sua impronta. Se chi scrive ha avuto l'opportunità di lavorare come assistente alla regia è per quella filosofia *training on the job* che già era stata di *Un posto al sole*. L'obiettivo di *Agrodolce* è quello di essere una nave scuola su cui formare a questo tipo di prodotto audiovisivo i giovani siciliani. Se ne sentiva parlare dal 2007 e lo stesso Giovanni Minoli, nell'estate di quell'anno, intervenendo a Lecce al Premio Barocco andato in onda su Raiuno, aveva annunciato questo suo nuovo progetto, che si rivolgeva ai giovani dell'isola e a centinaia di essi voleva dare lavoro.

Così Miti spiega la graduale attuazione di questa filosofia:

> Quando siamo arrivati, eravamo tutti romani, perché si andava a lavorare a un prodotto atipico; e poi non c'era in Sicilia una tradizione di produzione cinematografica o televisiva. E' vero che c'è *Montalbano*, ma prende tutta gente da Roma, quindi girare a Ragusa o a New York per loro è la stessa cosa. Noi invece qui, anche in virtù della

coproduzione della Regione, dovevamo creare delle professionalità.[62]

I risultati di questa operazione sono che l'organico della soap-opera prodotta a Termini Imerese è passato dal 100% di romani al 75% di siciliani, per un totale di circa 300 figure professionali. *Agrodolce* ha inoltre dato lavoro a 2000-2500 comparse, tutte rigorosamente convocate attraverso gli uffici del lavoro dei comuni limitrofi e scelte tra i disoccupati. I giovani attori del Teatro Stabile di Catania hanno avuto per la prima volta la stessa opportunità dei colleghi romani di recitare la sera a teatro e di giorno su un set. Ragazzi che avevano lavorato soltanto per le emittenti locali sono cresciuti professionalmente, diventando molto bravi. I giovani laureati del DAMS di Palermo, "ottimamente impostati, ottimi giornalisti e critici cinematografici che però non avevano la minima idea di come si facesse una fiction industriale",[63] hanno avuto l'occasione di formarsi sul campo nei reparti a loro più congeniali. Ma allora, se non c'erano i teatri di posa attrezzati e non c'erano le maestranze, perché andare in Sicilia? Semplice, per il paesaggio.

I.II.7. Le location esterne: l'apertura al paesaggio

Dopo la formazione dei giovani siciliani sul campo, ecco l'altra grande soddisfazione del Produttore RAI Ruggero Miti: aver portato gli esterni dentro una soap. "Era stupido essere in Sicilia e

---

[62] Mia intervista video a Ruggero Miti, *cit.*
[63] *Ibidem*

non farla vedere", dice con naturalezza, come se non stesse parlando di un esperimento mai tentato. Perché una cosa è girare una puntata al giorno dentro gli studios e un'altra è mantenere gli stessi ritmi dovendo confrontarsi ogni giorno con una o più location esterne.

Se il punto di forza di una soap-opera è il teatro di posa in cui viene ricreato il luogo attorno a cui ruoteranno le vicende di tutti i protagonisti, in *Agrodolce* le sottotrame aperte dai personaggi conducono addirittura ad altre città, ben distanti dalla Lumera filmica e geografica: Palermo, Caccamo (PA), Solunto (PA), Cefalù (PA), le Madonie (PA), le Isole Eolie (ME), Catania, Mazara del Vallo (TP), Erice (TP), Segesta (TP). Tra queste località, "anche in maniera forzata, i personaggi si spostano".[64] La serie, nel corso delle sue 230 puntate, ha così conosciuto un'apertura alla geografia della Sicilia, preannunciata già dalla sigla. In essa, come già visto (I.II.5), i personaggi sono raggruppati per nuclei familiari, ciascuno presentato sullo sfondo di una celebre località siciliana, a lasciare presagire le numerose mete a cui i protagonisti sarebbero stati condotti dalle loro storie.

Questa apertura geografica conosce però anche una direzione inversa: il personaggio di Gemma (Barbara Tabita) torna a Lumera dagli Stati Uniti, dove era emigrata con la famiglia.

E trova eco anche nell'uso dell'epiteto: è infatti comune nei paesi della Sicilia che colui che ritorna al paese natale venga appellato con una *'ngiuria* ("soprannome", con valore neutro) che ricordi il luogo della sua emigrazione. E così Tuccio, quando riconosce sul

---

[64] Mia intervista video a Ruggero Miti registrata a Termini Imerese (PA) il 16 gennaio 2009

lungomare l'amico d'infanzia Lorenzo Chiaramonte, andato via da quei posti per trovare lavoro in Germania, lo chiama immediatamente "il tedesco". Nulla di strano, quindi, sennonché ad aver trovato lavoro in terra alemanna non è stato solamente il Chiaramonte, ma prima ancora il suo interprete Lorenzo Patanè, noto al pubblico delle soap per il ruolo di Robert, il cuoco protagonista della serie tedesca *Tempesta d'amore* (*Sturm der Liebe*).

Allo stesso intreccio di rimandi metatelevisivi credo debba essere ricondotta anche la scelta di dare al professore di educazione fisica (interpretato da Ludovico Vitrano) l'identità di Claudio Silvestri, già nome del "cuoco della nazionale di calcio" nello spot della più nota crema di nocciole, in onda dal 2006 al 2010. L'appartenenza di entrambi all'ambiente sportivo sembrerebbe confermare questa mia impressione.

Non sembra casuale infine la scelta, per i personaggi, di alcuni cognomi tratti dalla toponomastica siciliana: come detto poc'anzi, Lorenzo "il tedesco" di cognome fa Chiaramonte, come la città di Chiaramonte Gulfi in provincia di Ragusa (dunque, nome doppiamente geografico per questo personaggio); Marta e Felice sono i fratelli Randazzo, che è anche un comune sul versante nord-occidentale dell'Etna; per quanto riguarda Patti Cammarata, persino il nome si confonde con un toponimo (Patti in provincia di Messina), mentre il cognome richiama un paese dell'entroterra agrigentino; Agata Messina non ha bisogno di ulteriori commenti; mentre invece Federico è l'ultimo discendente di una dinastia di nobili decaduti, gli Altavilla: stavolta, Altavilla Milicia (PA) ha addirittura la sua uscita autostradale posta esattamente in mezzo tra il casello per Porticello e quello di Termini Imerese.

Per dare un fondamento scientifico alle considerazioni fin qui formulate sulla preponderanza degli esterni nella soap "made in Sicily", si è voluto confrontare *Agrodolce* con le soap-opera più popolari in onda sulle televisioni italiane (*Un posto al sole, Centovetrine, Tempesta d'amore, Beautiful*) e di ciascuna è stato preso in esame un campione fatto da cinque puntate, per l'esattezza il blocco settimanale andato in onda dal 4 all'8 maggio 2009.

La prima differenza che salta agli occhi è che nella sorella maggiore *Un posto al sole* ricorre una sola ambientazione esterna, per di più comune a tutti i suoi personaggi, trattandosi della stradina privata che funge da parcheggio per gli abitanti di Palazzo Palladini, lo stabile abitato dai protagonisti.

Discorso a parte per *Centovetrine* che, su un blocco di cinque puntate, mostra soltanto una scena in esterni. La soap prodotta da Canale 5 fa invece frequentemente ricorso allo *stockshot*, una sequenza fatta di vedute della città in cui è ambientata la storia e che viene inserita nel corso di una puntata per ricordare periodicamente dove si svolge la vicenda. Trattandosi di vedute, prive di personaggi e slegate dalla storia, va da sé che queste immagini possono essere girate in qualsiasi momento, senza incidere sul piano di riprese settimanale.

Lo stockshot è utilizzato frequentemente anche dalle sit-com: in questi casi, può mostrare l'esterno di un palazzo, per indicare che la scena successiva si svolgerà in un appartamento al suo interno. Non occorre aggiungere altro per dire che questo è un uso molto riduttivo degli esterni.

Bene, *Agrodolce* conosce invece una dimensione attiva, in cui gli esterni sono - possiamo dire - vissuti. Le scene si svolgono all'aperto perché ricalcano la realtà di un paese di mare, in cui la vita sociale si svolge principalmente nelle strade e nelle piazze. Tutta la linea editoriale è sottesa a questa ricerca della verità quotidiana: così, ogni volta che una strada viene chiusa per le riprese e sottratta al suo quotidiano viavai di persone, essa viene ripopolata di figurazioni che rispecchino età, estrazione sociale e occupazione degli abitanti di quel quartiere.

Tipico della soap è avere un *luogo fisso* "(un ospedale, una stazione di polizia, un tribunale) che gli spettatori, con il tempo, percepiscono come familiare."[65] Le vicende di *Agrodolce* invece, contravvenendo a questa regola generale, non ruotano attorno a un solo luogo, bensì attorno a un "villaggio" di *luoghi di pertinenza*. Ogni famiglia in questo paese di finzione ha la sua casa, un'abitazione ben identificata anche dall'esterno. I componenti di un nucleo familiare si incontrano davanti alla propria; altre volte proseguono fuori dalla porta un dialogo cominciato dentro, cosicché una sequenza iniziata in un interno prosegue in un esterno (o viceversa). In questo caso, si dice che una scena viene *raccordata* a un'altra, con tutte le difficoltà che ne conseguono. Questo perché la prima parte, fino al gesto di aprire la porta, verrà realizzata nei teatri di posa a Termini; la seconda, dal momento in cui il personaggio la richiude alle sue spalle, sarà

---

[65] Gianpiero Gamaleri, "La produzione seriale", in Vito Zagarrio (a cura di), *Cine ma tv. Film, televisione, video nel nuovo millennio*, Torino, Lindau, 2004, pag. 173

girata a Porticello. L'attore dovrà avere lo stesso costume di scena, la stessa espressione, i capelli pettinati allo stesso modo, la barba della stessa lunghezza. E non è cosa da poco, considerando che le due scene saranno girate anche a distanza di quattro giorni, da due unità differenti, composte da costumiste, parrucchiere e truccatrici diverse. L'attore, in casa, dovrà essere sudato, se fuori lo abbiamo visto correre; dovrà avere gli occhi arrossati, se lo abbiamo visto piangere seduto di fronte al mare; se nella scena ha litigato con la moglie e il lunedì in teatro, uscendo dalla location, aveva aperto la porta di scatto, il venerdì, uscendo sulla strada a Santa Nicolicchia, dovrà rifare quel gesto dosando la stessa forza. E se è uscito di corsa, dovrà ricreare lo stesso slancio. Tutti problemi che le altre soap non conoscono.

A rendere impeccabile il tutto, dà il proprio apporto il reparto di scenografia, che riproduce negli studios gli elementi caratterizzanti le singole facciate. Così, se si dovesse passare sul retro dei teatri di posa, ci si imbatterebbe in una rete da pesca che sembra lo scarto di qualche vecchio set, del tutto estranea com'è a quel cortile di battuto industriale su cui appare abbandonata. In realtà quella rete è posizionata in corrispondenza di "casa Granata", la famiglia del pescatore Turi: questo fa sì che, quando si gira un interno e il personaggio apre la porta per uscire, anche se la mdp dovesse accidentalmente andare a inquadrare fuori, troverebbe comunque quell'elemento che caratterizza "esterno casa Granata" a Porticello.

Sempre a proposito del lavoro degli scenografi, si è già detto di come in più di un caso le facciate esterne abbiano portato a modificare i teatri di posa (cfr. I.II.6, pag. 42), seguendo una filosofia opposta a quella *found footage* di utilizzare le immagini di un palazzo anonimo.

Spesse volte il paesaggio fa da controcanto allo stato d'animo di un personaggio: non è raro che qualcuno rimanga a contemplare il mare. Capita a Beatrice quando dipinge sulla sua veranda (19 febbraio 2009); capita a Veronica sul lungomare di Lumera, dopo un diverbio con Federico (15 aprile 2009); Carmelo Serio abbandona la fedeltà alla sua identità di impeccabile uomo d'affari e al suo nome parlante e, con la giacca su una spalla, la cravatta allentata e le maniche della camicia sbottonate, si avventura a piedi nudi sulla sabbia (17 marzo 2009); Tuccio cerca il suo isolamento passeggiando di notte lungo le banchine deserte del porto (7 maggio 2009). Si tratta di intere sequenze prive di battute, in cui a fronteggiare il personaggio c'è solo il paesaggio, che smette di essere semplice sfondo e diventa invece specchio dell'io lirico. Nella puntata dell'8 maggio, che fa parte del blocco preso in esame, Eleonora Scaffidi, dopo la tragica morte del fidanzato, decide di voler rimaner sola con se stessa e prende il largo sulla sua barca. L'azzurro del cielo, incontrandosi col blu del mare, sembra proteggere quella sagoma bianca che è la barca a vela ormai piccola sulla linea dell'orizzonte.
Altre volte questa grandiosità del paesaggio rispetto alla figura umana si connota invece come incombenza, minaccia. Il campo lunghissimo in cui è inquadrato Saro Scaffidi mentre dà alle fiamme l'auto con cui ha buttato fuori strada e ucciso il futuro cognato, fa risaltare la piccolezza della figura umana rispetto

all'area desertica, segnata soltanto da una silente e misteriosa recinzione militare.

Nello stesso blocco, firmato dal regista Marcantonio Graffeo, va segnalata anche la location esterna "casa Scaffidi": si tratta di una villa privata alla periferia del comune di Santa Flavia che, all'occorrenza, viene concessa alle riprese; lo stesso vale per "casa Beatrice", ambientata in una villetta su tre livelli che affaccia sul mare di Sant'Elia. E' lì che è stato possibile girare la scena con Beatrice, Lucia e Veronica che si rilassano sulla spiaggia di ciottoli. In questi casi va segnalato, oltre all'ulteriore compito del location manager di dover curare anche i rapporti con privati cittadini, il fatto che, in occasioni come questa, anche le scene girate in interni sono in realtà realizzate in una location esterna, che è distante una quindicina di chilometri dalla base della produzione e che va completamente scenografata per ogni tornata di riprese e riportata a sera alle condizioni originali per riconsegnarla ai legittimi proprietari.

Stesso discorso per la chiesa di Lumera, in cui si celebra il funerale di Renato, che è la Basilica Soluntina, chiesa madre di Santa Flavia.

Scorrendo la grande varietà di location esterne presentate nel blocco in esame, non è possibile tralasciare la banchina del porto su cui, oggi come ai tempi de *La terra trema*,[66] si rinnova l'iniquo rapporto tra pescatori e grossisti: Turi Granata, già vittima di un grave infortunio sul lavoro, rischia ora di perdere il posto a causa dei tagli sul personale annunciati dal proprietario del peschereccio su cui si imbarca. Una storia sicuramente non estranea alla realtà

---

[66] *La terra trema - Episodio del mare*, 1948, di Luchino Visconti

del porto commerciale di Porticello e al suo mercato ittico, il terzo o il quarto di tutta la Sicilia: e allora quale migliore occasione di assolvere alla funzione *educational* della soap che affrontare la piaga contemporanea della crisi? E quale modo migliore di farlo che metterla in scena lì dove si tasta veramente, su un peschereccio appena rientrato e ancora carico di cassette di pesce fresco da vendere?

Altre volte gli esterni porgono il destro all'apertura a fatti di cronaca o a tematiche sociali: è mentre sta tornando alla sua Mazara del Vallo, in preda alla crisi che lo sta portando ad abbandonare la Polizia, che Rashid si trova a passare sull'autostrada per Capaci. E' lì che iniziano a risuonare nella sua mente le parole dei primi TG e dei primi cronisti che il 23 maggio del 1992 raggiunsero quel luogo. E' vedendo la lapide posta a ricordo degli agenti di scorta morti nell'attentato che iniziano a riecheggiare le parole della moglie dell'agente Vito Schifani, la vedova di 22 anni che nel giorno dei funerali parlò ai mafiosi. E' su quel tratto di strada che continua a dare i brividi che Rashid ricorda le parole di Giovanni Falcone: "La mafia non è affatto invincibile: è un fatto umano e, come tutti i fatti umani, ha un inizio e avrà anche una fine" (puntata del 17 marzo 2009).

L'antimafia è un tema caro anche a Lena Cutò: all'istituto Leonardo Sciascia è lei, figlia di un morto di mafia, la portabandiera della legalità. E' a lei che il padre colluso di un alunno rimprovera di parlare troppo spesso di don Pino Puglisi, Peppino Impastato e Libero Grassi. E' sempre lei che tiene una lezione sulla sicurezza stradale e sulla coscienza delle proprie azioni, con toni tanto crudi e realistici che non si riesce a credere stiano uscendo da una soap-opera.

Questo blocco di puntate, poi, porta le storie di *Agrodolce* a Caccamo, nel segno dell'apertura alle città di cui appunto ci aveva parlato Ruggero Miti[67] (cfr. I.II.7). La cittadina in provincia di Palermo non viene inglobata in quel luogo filmico che è Lumera, ma è presentata con il suo nome. A Caccamo il medico Lucia Serio e l'ispettore Stefano Martorana si recano per convincere una donna a denunciare un caso di malasanità di cui è rimasto vittima il marito. Di ritorno dal loro tentativo, i due personaggi scendono una lunga scalinata che curva a sinistra seguendo l'andamento irregolare delle case. Il loro procedere verso la parte bassa del paese viene girato in steadicam con un piano-sequenza di 1'22": per girarlo, l'operatore ha preceduto gli attori camminando davanti a loro per tutta la durata della ripresa.

La sequenza è esemplificativa del fatto che *Agrodolce*, pur essendo una soap, non rinuncia ad avvalersi dei mezzi del cinema: le location esterne vengono esplorate dal carrello, dalla steadicam o dal dolly, in un connubio in cui luoghi e forme espressive si valorizzano a vicenda. Questo discorso vale per la ripresa che il regista Stefano Anselmi dedica alla baia di Santa Nicolicchia, con un dolly che, da via Lo Bue (la strada più alta della borgata), domina tutta la baia (31 marzo 2009). Vale per il dolly che, alzandosi da terra, scopre una piazza di Mazara e ce ne rivela tutta la bellezza, nel blocco girato a quattro mani da Paolo Massari e Gerardo Gallo (26 marzo 2009); vale per il medesimo movimento che, nella puntata del 18 marzo 2009, la stessa coppia

---

[67] Cfr. la mia intervista video a Ruggero Miti, *cit.*

di registi aveva riservato, con uno splendido controluce, a un Rashid perso nella contemplazione delle saline del trapanese.

Da quanto detto si evince come i registi cercano la loro libertà espressiva; e la produzione, seppur nel compromesso dettato da tempi e budget, accorda loro questa autonomia. Questo margine di autorialità, oltre che non conformare le varie troupe al prodotto industriale, si rivela stimolante per lo spettatore, perché gli permette di confrontare le soluzioni stilistiche che i registi adottano per esplorare paesaggi che sono sempre gli stessi e gli fa scoprire quanta libertà riesce a ritagliarsi ciascuno di loro in quelle location esterne sempre uguali.

Così Anselmi collega due scene in questo modo: Turi Granata ha appena litigato con la figlia Rosi e, nel dialetto siciliano che gli scappa quando è collerico, le dice: "Talè, iu me va' fazzu 'na passiata ca è megghiu". Turi parte da casa sua per questa passeggiata che dovrebbe fargli sbollire la rabbia e lo vediamo avviarsi verso il Fico d'India; la steadicam lo aggancia mentre si fa largo tra i tavolini all'aperto del bar; inizia un long take che lo segue di spalle mentre gira l'angolo, oltre il quale vediamo arrivare di fronte Felice e Marta Randazzo; la steadicam lascia Granata e aggancia i due fratelli; precede il loro cammino verso la locanda e segue la loro conversazione, con un'inquadratura dalla durata complessiva di 1'03". Ecco così che Turi ci ha condotto dal suo *luogo di pertinenza* (esterno casa Granata) a quello dei Randazzo (esterno Fico d'India); ecco che si è passati con destrezza da una scena alla successiva senza soluzione di continuità, laddove, in maniera molto più semplice, sarebbe bastato un comune stacco di montaggio.

Ancora di più fa Gerardo Gallo nella puntata andata in onda il 15 aprile 2009. Si tratta di un unico piano-sequenza che parte dal Fico d'India: Federico è seduto ai tavolini del bar e sta parlando con una donna, potenziale socio d'affari, quando arriva Veronica a chiedergli di parlare. Federico le fa notare che non è il momento giusto e la prega di andarsene. Veronica si allontana lungo lo stretto marciapiede chiuso tra le case e l'insenatura e, sullo slargo alla fine di esso, incrocia Carmelo; questi, vedendola scossa, cerca di capire il motivo del turbamento di lei, ma Veronica non ha voglia di parlare e si dirige verso la parte alta dell'insenatura. Incorniciati tra i due, intanto compaiono il professore Claudio Silvestri e l'alunna Roberta, che arrivano invece dal lungomare. La steadicam si disinteressa a Carmelo, lasciandolo fermo lì, e aggancia i due ragazzi. Li precede mentre parlano delle ultime vicende scolastiche, accompagna la loro passeggiata accanto alle case, fino ad arrivare al Fico d'India dal lato opposto da cui era partita la ripresa.

Gallo si inventa così un unico piano-sequenza con cui unisce quelle che sarebbero state almeno tre scene diverse.

La scelta di muoversi liberamente tra le stradine e il mare di Lumera, con la libertà consentita da una steadicam, può sembrare una soluzione estremamente semplice. In realtà, l'adozione del piano-sequenza comporta tutta una serie di difficoltà che la fluidità della ripresa e la piacevole sensazione di esplorare il paese come camminando sulle proprie gambe non lasciano neppure immaginare. Per andare veloci, basterà ricordare che in questa scena ci sono ben cinque attori protagonisti, che sono dunque stati convocati alla stessa ora e che si sono accavallati al trucco, al parrucco e ai costumi. Questi cinque attori sono poi tutti presenti contemporaneamente sul set. La riuscita del piano-sequenza dipende dalla loro capacità di non sbagliare le battute e i movimenti per l'intera durata della ripresa (ben 2'05" in questo caso), altrimenti occorrerà ricominciare tutto da capo. Per questo, una ripresa con la steadicam richiede numerose prove, molte di più di quante ne richiederebbe un dialogo ripreso in campo e controcampo con due camere fisse: tutti i tragitti degli attori e delle comparse, tutte le entrate e uscite di scena devono essere sincronizzate e l'operatore deve coordinarsi con loro. Pensate a cosa succederebbe se, dopo due minuti di incroci perfetti, una figurazione guardasse in macchina o l'attrice dimenticasse la sua ultima battuta.

Se Alfred Hitchcock aveva ambientato tutto il suo *Rope* (*Nodo alla gola*, 1948) in un appartamento, qui a essere esplorati dal piano-sequenza sono gli esterni e la loro circolarità crea una leggera vertigine: senza accorgercene, torniamo al punto di partenza, dopo aver fatto un tragitto che non è quello di andata.

I personaggi ci portano per mano da una location all'altra e ce le fanno scoprire disposte l'una accanto all'altra, come si trattasse dei *luoghi deputati* (o *loci deputati*) della tradizione medievale: "tutti i luoghi dell'azione sono presenti contemporaneamente per essere utilizzati uno dopo l'altro [...] al cospetto del pubblico che continua a considerarli entità indipendenti, concentrando la sua attenzione di volta in volta su quello interessato dall'azione."[68]

---

[68] Paolo Bosisio, *Teatro dell'Occidente. Elementi di storia della drammaturgia e dello spettacolo teatrale*, Milano, LED Edizioni Universitarie di Lettere Economia Diritto, 1995, pag. 142

Lo "spettacolo" si sposta di location in location; il piano-sequenza le collega tutte e, senza che ce ne siamo resi conto, alla fine ha concluso il nostro itinerario nel posto da cui eravamo partiti, ricreando un luogo filmico ben più ampio e articolato di quanto non sia lo spazio architettonico.

Se in interni l'effetto Kulešov lavorava ad assemblare location frammentate, in esterni ha come risultato invece di dilatare la geografia di un paese che nella realtà è raccolto attorno a un porticciolo. Attorno a esso si dispongono le facciate utilizzate come esterni; cominciando dalla parte alta: casa Serio, casa Altavilla, casa Tuccio, casa Granata, casa Martorana, Fico d'India, casa Lena. Lumera si compone però anche di altri edifici che esulano dalla geografia reale di Porticello: la casa di Beatrice dopo la separazione da Carmelo Serio, la villa della famiglia malavitosa degli Scaffidi, l'hotel abbandonato in cui si nasconde Turi da latitante,[69] il cimitero. E poi ancora una chiesa, una villa comunale con i giardini pubblici, un liceo, un ospedale, un commissariato di Polizia contribuiscono a dare a Lumera una rilevanza ben maggiore rispetto alla frazione di Porticello.

---

[69] La scena è stata girata in un albergo chiuso per lavori di ristrutturazione, l'hotel Zagarella di Santa Flavia, noto alle cronache per essere appartenuto ai cugini Nino e Ignazio Salvo, uomini d'onore della famiglia mafiosa di Salemi (TP). Dentro questo hotel fu scattata il 7 giugno 1979 la foto che ritrae l'allora Presidente del Consiglio Giulio Andreotti assieme ai due esponenti di spicco della DC siciliana, che nel 1984 Giovanni Falcone riuscirà a incriminare per associazione mafiosa.
Cfr. "Il settimanale 'Panorama' pubblica le immagini riprese a Palermo nel giugno del '79 e i verbali del direttore dell'hotel Zagarella. *'Salvo guidò Andreotti nell'albergo'*. E rispuntano le foto del senatore con l'esattore. Giulio: 'Nulla di nuovo'", s.i.a., Corriere della Sera, 29 settembre 1995, in http://archiviostorico.corriere.it/1995/settembre/29/Salvo_guido_Andreotti_nell_alber go_co_0_95092912278.shtml

Con questa varietà di esterni, il *romanzo popolare* di Raitre si pone in una prospettiva innovativa rispetto al panorama della soap-opera, che finora aveva sempre visto le sue storie ruotare attorno a un "luogo deputato". Con *Agrodolce*, invece, per la prima volta lo spettatore acquista familiarità con una città intera.

E soprattutto "rivede" il proprio paese, scopre questi luoghi con occhi nuovi, li guarda come fosse la prima volta, posa adesso su questa terra uno sguardo carico di luce, che è la luce del sole siciliano, è la luce del cinema, è la luce del riscatto sociale. Perché, come disse una volta una comparsa, "io prima mi vergognavo a dire che ero di Porticello."

Si pubblicano qui i dati relativi all'analisi di cinque soap-opera attraverso il blocco di puntate andate in onda dal 4 all'8 aprile 2009. Le soap prese in esame sono: *Agrodolce*, che è al centro di questo studio; *Un posto al sole*, che ne è la sorella maggiore e la seguiva nel palinsesto di Raitre; *Centovetrine*, che va invece in onda dal 2001 sulla concorrente Canale 5; *Tempesta d'amore*, prodotto europeo di ambientazione tedesca e amato in Italia; *Beautiful*, un classico hollywoodiano del genere, creato nel 1987, in onda in Italia dal 1990.

Ho voluto confrontare la soap-opera "made in Sicily" con altri quattro prodotti dello stesso genere ben noti al pubblico televisivo italiano per avere conferma delle parole di Giovanni Minoli sulla netta preponderanza degli esterni in *Agrodolce* rispetto alle altre soap (cfr. I.II.2, pag. 26). Di seguito si riportano i dati sulla ripartizione delle scene tra location interne e location esterne, indicando, per ogni giorno, il minutaggio e la percentuale rispetto alla durata della puntata. Questa è stata calcolata al netto della sigla di apertura, della sigla di chiusura, dell'eventuale riassunto e delle interruzioni pubblicitarie. Ho indicato a parte l'utilizzo dello stockshot che, come detto, non incide necessariamente sui tempi di lavorazione della puntata o della settimana e, pertanto, non può essere assimilato per rilevanza agli esterni.

Un posto al sole, 4 aprile 2009: totale 19'06" - interni 14'01" (73,39%) - esterni 5'05" (26,61%) - stockshot 0'00" (0%);

Un posto al sole, 5 aprile 2009: totale 19'50" - interni 12'40" (63,86%) - esterni 6'51" (34,54%) - stockshot 0'19" (1,60%);

Un posto al sole, 6 aprile 2009: totale 19'56" - interni 17'33" (88,05%) - esterni 2'19" (11,62%) - stockshot 0'04" (0,33%);

Un posto al sole, 7 aprile 2009: totale 20'59" - interni 18'38" (88,80%) - esterni 2'11" (10,40%) - stockshot 0'10" (0,80%);

Un posto al sole, 8 aprile 2009: totale 20'31" - interni 17'38" (85,95%) - esterni 2'48" (13,65%) - stockshot 0'05" (0,40%).

Centovetrine, 4 aprile 2009: totale 23'44" - interni 23'34" (99,30%) - esterni 0'00" (0%) - stockshot 0'10" (0,70%);

Centovetrine, 5 aprile 2009: totale 23'14" - interni 22'58" (98,85%) - esterni 0'00" (0%) - stockshot 0'16" (1,15%);

Centovetrine, 6 aprile 2009: totale 23'49" - interni 23'46" (99,80%) - esterni 0'00" (0%) - stockshot 0'03" (0,20%);

Centovetrine, 7 aprile 2009: totale 22'57" - interni 22'43" (98,98%) - esterni 0'00" (0%) - stockshot 0'14" (1,02%);

Centovetrine, 8 aprile 2009: totale 23'40" - interni 21'16" (89,85%) - esterni 2'02" (8,60%) - stockshot 0'22" (1,55%).

Tempesta d'amore, 4 aprile 2009: totale 29'09" - interni 24'21" (83,54%) - esterni 3'52" (13,26%) - stockshot 0'56" (3,20%);
Tempesta d'amore, 5 aprile 2009: totale 29'36" - interni 24'49" (83,84%) - esterni 3'23" (11,43%) - stockshot 1'24" (4,73%);
Tempesta d'amore, 6 aprile 2009: totale 27'24" - interni 26'03" (95,08%) - esterni 0'29" (1,76%) - stockshot 0'52" (3,16%);
Tempesta d'amore, 7 aprile 2009: totale 26'23" - interni 19'13" (72,84%) - esterni 6'00" (22,74%) - stockshot 1'10" (4,42%);
Tempesta d'amore, 8 aprile 2009: totale 29'35" - interni 26'33" (89,75%) - esterni 1'38" (5,52%) - stockshot 1'24" (4,73%).

Beautiful, 4 aprile 2009: totale 17'55" - interni 17'29" (97,60%) - esterni 0'00" (0%) - stockshot 0'26" (2,40%);
Beautiful, 5 aprile 2009: totale 18'37" - interni 18'19" (98,40%) - esterni 0'00" (0%) - stockshot 0'18" (1,60%);
Beautiful, 6 aprile 2009: totale 15'00" - interni 14'25" (96,10%) - esterni 0'00" (0%) - stockshot 0'35" (3,90%);
Beautiful, 7 aprile 2009: totale 18'13" - interni 17'58" (98,63%) - esterni 0'00" (0%) - stockshot 0'15" (1,37%);
Beautiful, 8 aprile 2009: totale 18'55" - interni 18'45" (97,60%) - esterni 0'00" (0%) - stockshot 0'10" (0,88%).

Agrodolce, 4 aprile 2009: totale 19'35" - interni 8'24" (42,99%) - esterni 11'02" (56,34%) - stockshot 0'09" (0,76%);

Agrodolce, 5 aprile 2009: totale 18'57" - interni 7'28" (39,40%) - esterni 11'29" (60,60%) - stockshot 0'00" (0%);

Agrodolce, 6 aprile 2009: totale 20'07" - interni 10'01" (49,80%) - esterni 10'01" (49,80%) - stockshot 0'05" (0,40%);

Agrodolce, 7 aprile 2009: totale 21'50" - interni 4'41" (21,45%) - esterni 17'09" (78,55%) - stockshot 0'00" (0%);

Agrodolce, 8 aprile 2009: totale 20'23" - interni 5'29" (26,90%) - esterni 14'41" (72,04%) - stockshot 0'13" (1,06%).

Anche se i numeri parlano chiaro, sarà forse utile aggiungere qualche commento ai meri dati. *Beautiful* si presenta come l'unica di queste soap a non presentare alcun esterno. La soap-opera girata a Hollywood fa invece un uso piacevole degli stockshot, che ci mostrano strade e architetture di Los Angeles e fanno abilmente ricorso al time-lapse per dare alle sequenze un ritmo da videoclip. Inoltre gli stockshot di *Beautiful* segnano il passaggio da una location all'altra, assolvendo anche il compito di presentarci l'ambientazione della scena successiva. Così, se si vede un'ambulanza rossa sfrecciare a sirene spiegate verso un pronto soccorso, da lì a poco saremo in una stanza d'ospedale.

Più generico, anzi slegato dalla storia, è invece l'uso dello stockshot in *Centovetrine* e *Un posto al sole*, nelle quali questi rulli di immagini non fanno altro che presentarci belle vedute delle città di ambientazione (rispettivamente Torino e Napoli). Nella settimana presa come campione, inoltre, la soap ambientata in un centro commerciale del capoluogo piemontese presenta una sola scena girata in esterni.

Molto limitato il ricorso agli esterni anche per *Tempesta d'amore*: a parte due scene girate lungo una strada, tutte le altre sono ambientate davanti all'hotel Fürstenhof. Il lussuoso albergo a 5 stelle nei pressi di Monaco di Baviera attorno a cui ruotano le vicende dei protagonisti è in realtà un castello nel paese di Vagen. La natura incontaminata dell'Alta Baviera è però presente soltanto con gli stockshot, che in *Tempesta d'amore* vantano addirittura una fotografia più bella del resto della puntata. Campagne, prati verdi, montagne dalle cime innevate, fiumi che scorrono lungo vallate interrotte da ponticelli, mulini, casette di legno ai margini di una foresta, fontane ornamentali compongono cartoline di rara bellezza paesaggistica, che rimane però fine a se stessa. E se lo stockshot è generalmente utilizzato anche per segnalare, attraverso la luce esterna, il momento del giorno in cui è ambientata la successiva scena in interni (sole basso: alba o tramonto; città in piena luce: giorno; strade illuminate dai lampioni: sera o notte), qui può persino accadere che un lago sulle cui increspature il sole disegna i suoi riflessi caldi sia seguìto da un interno notte ambientato in una stanza di ospedale. L'importanza accordata a questi intermezzi bucolici è tale poi che in una puntata (6 aprile) questi addirittura superano per durata le riprese in esterni (3,16% contro 1,76%).

Il discorso si capovolge per *Agrodolce*, in cui gli interni sono in minoranza e la prevalenza delle location esterne è sempre netta. La rilevanza degli esterni arriva a toccare il 78,55% (6 aprile), senza mai scendere al di sotto del 49,80%, nella puntata del 7 aprile, in cui peraltro interni ed esterni si equilibrano perfettamente con 10'01" ciascuno.

II. Il documentario

Il documentario video pensato per completare questo volume[70] nasce nelle intenzioni con il concludersi della mia attività di assistente alla regia sui set della soap-opera *Agrodolce*. All'indomani della fine del mio stage presso i MedStudios di Termini Imerese, la sensazione che rimaneva in me era quella di un grande vuoto. Per cinque settimane a cavallo tra ottobre e novembre del 2008 mi ero svegliato in un appartamento di Termini quando fuori era ancora buio: ogni sera sveglia puntata alle cinque dell'indomani mattina, per poter alzarsi in tempo e mettersi in macchina, che facesse pioggia o tirasse vento, così da essere alle sei nella stanza d'appoggio a Porticello, dove alle sei e cinque era attesa la prima attrice. Tutte le giornate cominciavano così e si trascinavano poi, passo dopo passo, imprevisto dopo imprevisto, per almeno undici ore, a volte dodici o anche più.

Quando tornavo a casa nel fine settimana mi accorgevo che, per quanto mi sforzassi di raccontare quali fossero le mie mansioni e quale fosse l'attività frenetica che caratterizza un set, le mie parole non riuscivano a rendere bene l'intensità di quel lavoro.

Alla fine di quell'esperienza inoltre cominciai subito ad avvertire la mancanza di tutti quei ragazzi e ragazze che mi avevano accompagnato in quelle interminabili giornate trascorse tra i camerini e le macchine da presa. Il set è infatti un ecosistema in cui persone spesso tra loro estranee si ritrovano dal lunedì al venerdì a dover vivere a stretto contatto per la quasi totalità della

---

[70] Per informazioni sul documentario video è possibile contattare l'autore all'indirizzo e-mail carmelo.assenza@tin.it

loro giornata e a lavorare assieme, finendo, nella migliore delle ipotesi, per fare squadra. Il risultato di questa convivenza, di questo lavorare gomito a gomito in un ambiente caratterizzato da grande concentrazione, che sfocia spesso in tensione, è che tutti i sentimenti, sia positivi che negativi, vengono amplificati in quel microcosmo che è il set. I rapporti interpersonali vengono influenzati dai ritmi frenetici cosicché anche laddove più forte si sviluppa un atteggiamento di rispetto, stima, simpatia o vero e proprio affetto, questi sentimenti si consumano nella velocità del lavoro, nel susseguirsi metodico delle giornate, senza mai l'occasione di approfondirli. A mancare è sempre il tempo.

II.1. Filmare per sé: l'identità

Il primo impulso che mi ha portato a girare il mio documentario è stato pertanto il desiderio di tornare sul set per poter finalmente raccontare quello che mai ero riuscito a esprimere con le parole, munito stavolta però di una videocamera con cui finalmente fissare in immagini la realtà del set, che per la sua complessità mai ero riuscito a comunicare con sufficiente efficacia.

Il secondo bisogno che dovevo soddisfare era invece quello di ritrovare coloro che erano stati compagni di lavoro e anche semplicemente tutte quelle facce di altri reparti di cui non c'era mai stato il tempo di imparare i nomi.

La volontà di scrivere sul nastro era poi dettata sia dal fatto di poter *fissare* i volti di tanta gente che, altrimenti, nel volgere di poco tempo avrei dimenticato, sia per lasciare una *traccia* di un'esperienza che mi aveva formato e cambiato, della quale però non mi rimaneva alcun *segno* con cui tenere viva nella mia memoria quelle giornate ma anche con cui *mostrare* che cosa facevo.

Inoltre, la concentrazione e l'attenzione richiesta dal lavoro di assistente alla regia non mi avevano mai permesso di godere del paesaggio in cui eravamo immersi e della cui bellezza mi accorgevo rivedendo le puntate in televisione.

Finito il mio periodo di stage, realizzai di non aver mai avuto il modo di gustarmi quello che stavo facendo, che pure era il traguardo per cui da anni lottavo: lavorare sul set. Mi mancavano cose che avevo sotto gli occhi dalle sei del mattino alle sette di sera che però mai avevo potuto osservare: ad esempio, non avevo mai avuto la possibilità di vivere con calma lo spettacolo donato a ogni ora del giorno dal cambiare della luce sullo specchio d'acqua di Santa Nicolicchia.

Questa dimensione intima, questo "fare per me", questo soddisfare un bisogno personale che è stato l'impulso principale al mio lavoro è peraltro una condizione di partenza che accomuna molti autori e molti teorici del film documentario. Dell'"ineluttabilità autobiografica" che c'è nell'"osmosi tra il mio passato ed il mio presente"[71] parla Roberto Nanni, mentre punti di partenza dell'"Apologia dello sguardo inquieto"[72] di Marco Bertozzi sono "identità" e "condizione intima" dell'autore.

Dunque, tornare per recuperare: una ricerca di sensazioni, volti, voci che a qualche mese di distanza iniziavano a perdersi. Sia

---

[71] Roberto Nanni, "Una ricerca d'intensità", in Marco Bertozzi (a cura di), *L'idea documentaria. Altri sguardi dal cinema italiano*, Torino, Lindau, 2003, pag. 58
[72] Marco Bertozzi, "Apologia dello sguardo inquieto", in Marco Bertozzi (a cura di), *L'idea documentaria*, op. cit, pag. 11

perché si affievolivano nella memoria, sia perché le cose su un set possono cambiare rapidamente: gli attori escono dalla storia, le scenografie cambiano, le location vengono sostituite, i registi si alternano.

Naturalmente, questo tornare per filmare ha comportato anche una trasformazione: per mostrare quello che era stato il mio percorso all'interno di *Agrodolce*, l'unica possibilità era non farne più parte. Svelare il vero lavoro che c'è dietro una fiction, demistificare la televisione e aprire gli occhi a chi la subisce passivamente - insomma, raccontare il set - ha comportato la rinuncia a farne parte.

Il mio era adesso lo sguardo di un ex assistente alla regia su ex compagni di lavoro guardati agire su un set che non era più il mio. Ora che potevo raccontare, mostrare, io non vi appartenevo più. Girare questo documentario ha significato pertanto anche fare una rinuncia. Scegliere tra partecipare o raccontare. E alla fine sentire più forte la volontà di sottrarre allo scorrere del tempo quelle "immagini" che avevo vissuto. Ma anche il desiderio di tramandarle a futura memoria, così che chi quel lavoro lo vive dal di dentro possa un giorno ritrovarsi e rivedersi. Coniugando così il passato (il mio vissuto), il presente (chi questa soap continua a farla) e il futuro (quello che rimarrà di tutto ciò). Un po' lo stesso impulso che sta alla base dei filmini di famiglia, che soddisfano il desiderio di posare il nostro sguardo sulle cose, assecondando così "la volontà «istintiva» di salvare, proteggere, custodire cose, persone e stati d'animo della (propria) vita",[73] come rileva Paolo

---

[73] Paolo Simoni, "Alla ricerca di immagini private. Un progetto per la memoria filmica di famiglia", in Marco Bertozzi (a cura di), *L'idea documentaria*, op. cit., pag. 234

Simoni nella sua "ricerca di immagini private".[74] In questo intervento dedicato ai film di famiglia, alla ricognizione dei formati che lo hanno reso possibile e all'opportunità di un archivio dedicato all'home movie, ciò che emerge è non solo l'istinto di "salvare gli oggetti del nostro sguardo", ma anche "il nostro stesso sguardo sul mondo".[75] Il tentativo di "far presa sul tempo" e di "sconfiggere la morte" che configura "l'atto totale del fare cinema [...] come una esteriorizzazione del processo della memoria"[76] (come recita la citazione da Stan Brakhage, In Defense of the «Amateur» Filmmaker, posta in apertura del saggio), si incontra con il desiderio incosciente che la memoria che lasciamo sia "una testimonianza «in soggettiva»",[77] che rechi cioè una traccia anche del suo autore e che sia in grado di salvare al contempo chi sta davanti e chi sta dietro la cinepresa/videocamera. Documentare come terapia, filmare per sé. "Il cinema lo faccio innanzitutto per me e poi per gli altri", dice Daniele Segre.[78]

Anche l'intento di mostrare i veri luoghi che fanno da coprotagonisti di Agrodolce nasce da un bisogno personale,

---

[74] Paolo Simoni, "Alla ricerca di immagini private. Un progetto per la memoria filmica di famiglia", in Marco Bertozzi (a cura di), L'idea documentaria, op. cit., pag. 231
[75] Paolo Simoni, "Alla ricerca di immagini private. Un progetto per la memoria filmica di famiglia", in Marco Bertozzi (a cura di), L'idea documentaria, op. cit., pag. 234
[76] Stan Brakhage, In Defense of the «Amateur» Filmmaker, 1967, pubblicato in Filmmakers Newsletter, vol. 4, n.9-10, luglio-agosto 1971, cit. in Paolo Simoni, "Alla ricerca di immagini private. Un progetto per la memoria filmica di famiglia", in Marco Bertozzi (a cura di), L'idea documentaria, op. cit., pag. 231
[77] Paolo Simoni, "Alla ricerca di immagini private. Un progetto per la memoria filmica di famiglia", in Marco Bertozzi (a cura di), L'idea documentaria, op. cit., pag. 234
[78] Marco Bertozzi, Daniele Segre, "Il lavoro del chirurgo. Conversazione tra Daniele Segre e Marco Bertozzi", in Marco Bertozzi (a cura di), L'idea documentaria, op. cit., pag. 147

quello di conoscere la mia terra, la Sicilia di quella costa occidentale tanto lontana dal mio lembo sud-orientale.

Naturalmente, a esso si aggiunge poi, come una conseguenza naturale, il desiderio di rendere giustizia al territorio e mostrare a tutti i veri esterni, le città reali in cui si è attuata la rivoluzione dei paradigmi del genere soap; far conoscere, o quanto meno incuriosire verso la scoperta del patrimonio artistico e paesaggistico che sta alla base della novità di *Agrodolce*. Condividendo così l'opinione di Carlo Cresto-Dina quando auspica per le opere da lui prodotte una valenza maieutica, tale da poter socraticamente "comunicare uno stimolo alla conoscenza".[79] Sulla scorta di questo assunto, ho scelto per il mio documentario di non fornire per forza didascaliche spiegazioni o dare riposte secche e certe; ma porre interrogativi, instillare il dubbio, suscitare curiosità. Mi confortano in questa direzione le parole di Ivelise Perniola, quando sostiene che l'*immagine* del documentario è ricca di non detto, di voci acusmatiche e di fuori campo enigmatici: a differenza del reportage che impone risposte, il documentario solleva domande.[80]

Anche così facendo, credo si possa rientrare nella definizione di Zavattini: il quale considerava autore cinematografico "chiunque con la macchina da presa allarga i confini della verità".[81]

Ho filmato mosso dalla stessa fascinazione che mi aveva portato per la prima volta a *Lumera* (cfr. I.II.6) e mi è sembrato di

---

[79] Carlo Cresto-Dina, "Sia lode al gabelliere", in Marco Bertozzi (a cura di), *L'idea documentaria*, op. cit., pag. 265

[80] Cfr. Ivelise Perniola, "Il cinema dicotomico", in Marco Bertozzi (a cura di), *L'idea documentaria*, op. cit., pag. 219

[81] Cesare Zavattini, cit. in Ansano Giannarelli, Silvia Savorelli, *Il film documentario*, Roma, Dino Audino editore, 2007, pag. 189

possedere per la prima volta quei luoghi, di averli fatti miei perché potevo adesso testimoniarli e mostrarli. Proprio vero: il mostrare come atto di conoscenza e di creazione.[82]

Ho ritrovato quello *stupore* antico di chi si era accostato per la prima volta ai set, ai teatri di posa: luoghi mitici. Ho girato con il *ricordo* di averne fatto parte. E ho ripreso con la *tristezza* di chi è consapevole che sarà difficile tornare ad avvertire quei luoghi come familiari, quotidiani.

E allora il mio sguardo è stato anche onnicomprensivo, bulimico, per non tralasciare alcunché, per non rischiare di dimenticare qualcosa degno di essere sottratto all'oblio, tale da poter rivedere tutti i dettagli su cui non mi potevo soffermare nella fretta del lavoro o ai quali non prestavo sufficiente attenzione in quei posti divenuti ormai ordinari e, come tali, oggetto di scarsa attenzione.

II.2. La caméra-stylo, la pellicola a due soldi e lo sguardo onnivoro: il digitale

Il carattere onnicomprensivo - onnivoro, direi - dello sguardo è una delle conseguenze da tenere in considerazione nel momento in cui ci si accosta al digitale. L'ampia disponibilità di nastro a basso costo consentita da questa tecnologia rischia di produrre ore di girato che non troveranno mai forma compiuta al montaggio. Analogamente è avvenuto nella fotografia con il passaggio dalla pellicola al sensore: la "liberalizzazione" della tecnologia ha avuto come effetto una crescita esponenziale delle

---

[82] Cfr. Antonio Medici, "Appare ovunque un (dis)ordine meraviglioso", in Ansano Giannarelli (a cura di), *Il film documentario nell'era digitale*, Roma, Ediesse, 2007, pag. 54

immagini scattate senza che a questa corrispondesse un innalzamento della qualità in maniera proporzionale. La stessa peculiarità di scrittura fatta dalla luce, di traccia della realtà, ha perso di significato. La funzione della fotografia è stata svilita alla visione di una volta su di uno schermo, dal quale può essere destinata alla sua immediata cancellazione o, nel migliore dei casi, alla pubblicazione su un social network al fine di una condivisione narcisistica, senza tener mai in minimo conto la questione dell'effettiva conservazione dell'immagine. Un tempo un negativo sviluppato cento anni prima, se conservato al buio, poteva essere stampato a distanza di tre generazioni. Chissà tra dieci anni quante immagini avremo perso per l'evoluzione dei supporti o per il loro deterioramento. E chissà di tutte le fotografie scattate, quante non ci sarà mai stato il tempo neppure di rivedere.

Allo stesso modo per le riprese video, la forza creativa del mostrare rischia di rimanere in potenza, chiusa nella custodia di una cassetta MiniDV. "Adesso la pratica è quella del furto - sostiene Fabrizio Ferraro, fotografo e regista -, ore e ore di girato per rubare qualcosa che ci serve nel progetto del prodotto, come le innumerevoli telecamere presenti nel territorio, nelle strade, nelle nostre metropoli".[83] Giustamente Ferraro registra la tentazione di andare verso una pratica moderna veloce e priva di etica, che rischia di annichilire la coscienza creativa e lo sguardo partecipato, appiattendoli su una visione meccanica simile a quella delle camere di sorveglianza. In contrapposizione a questo

---

[83] Fabrizio Ferraro, "Senza immagini, fare immagini", in Ansano Giannarelli (a cura di), *Il film documentario nell'era digitale*, op. cit., pag. 62

uso, si assiste alla rivendicazione di un cinema amatoriale inteso come "partecipazione personale, passionale, critica e autocritica all'atto di registrare immagini della/dalla realtà",[84] sulla quale converge una preoccupazione di natura non soltanto etica, ma anche estetica. Il rischio evidente è che, come nella fotografia, dove persino i professionisti sembrano aver disimparato, così anche nel settore audiovisivo la grande disponibilità di supporto a bassissimo costo rispetto ai tempi della pellicola porti a un abbassamento della qualità. E' giusto pertanto che chi utilizza una tecnologia così popolare come il digitale si interroghi sui risvolti di questa democratizzazione. "Se si osserva il lavoro di tantissimi giovani che usano telecamere e software di montaggio in modo autodidatta, senza alcuna esperienza di «apprendistato», si resta colpiti da due atteggiamenti molto diffusi: si riprende senza progetto, si monta senza progetto."[85] Non nascondo che l'estrema libertà in fase di ripresa dissimula un'insidia grandissima: quella di ritrovarsi al montaggio con una mole notevolissima di girato da acquisire, vedere e schedare. Se l'atteggiamento più deprecabile è quello per cui "si usa il programma di montaggio iniziando a cercare immediatamente la definitività della successione, degli attacchi, degli effetti, rinunciando alla costruzione iniziale dell'insieme",[86] ciò che più mi fa paura è, al contrario, non riuscire a dedicare il giusto tempo allo sviluppo di una scaletta attraverso cui organizzare coerentemente il discorso del mio documentario.

---

[84] Ansano Giannarelli, "Per una lentezza digitale", in Ansano Giannarelli (a cura di), *Il film documentario nell'era digitale*, op. cit., pag. 18
[85] Ansano Giannarelli, "Per una lentezza digitale", in Ansano Giannarelli (a cura di), *Il film documentario nell'era digitale*, op. cit., pag. 25
[86] *Ibidem*

Tanto più tenendo conto delle immense possibilità di sviluppare il proprio linguaggio audiovisivo offerte oggi dalla timeline di un software di editing non lineare. Una libertà di articolare la propria sintassi sconosciuta a chi, prima del digitale, lavorava sui nastri magnetici alle "centraline di montaggio",[87] dove non c'era certo la possibilità di stravolgere l'ordine delle immagini con un semplice trascinamento del mouse e dove invece le inquadrature andavano scelte e assemblate una in fila all'altra e la sequenza andava impostata passo dopo passo. Questa liberazione dalle catene del montaggio lineare e la ri-conquista della creatività e della ricerca per tentativi, sembrano fare eco alla libertà espressiva consentita oggi dal digitale, da più parti visto oggi come l'erede della *caméra-stylo* di Alexandre Astruc, la cinepresa leggera come una penna che il critico e regista francese auspicava nel 1948 nel suo articolo "Naissance d'une nouvelle avant-garde".[88] Astruc sosteneva un'idea di cinema che si svincolasse dalla sua dimensione di spettacolo e di intrattenimento e si avvicinasse piuttosto a essere un linguaggio flessibile e personale, tale da permettere al regista di esprimere qualunque settore del pensiero, con la stessa libertà e agilità che la penna consentiva allo scrittore o al poeta.

Ma il digitale può essere considerato anche il punto d'arrivo delle prefigurazioni di Cesare Zavattini sulla pellicola a due soldi. Quattro anni dopo Astruc, Zavattini dice infatti: "quando [..] tutti potranno avere una macchina da presa, il cinema diventerà un

---

[87] Ho scritto "centraline" tra virgoletta perché si tratta di "una definizione tutta italiana che non trova riscontro nella manualistica tecnica", come spiega Gabriele Coassin nel glossario tecnico in appendice a Sandra Lischi, *Un video al castello. Diario di incontri e di lavoro*, Pisa, Nistri-Lischi, 2002, pag. 105

[88] Alexandre Astruc, "Naissance d'une nouvelle avant-garde", *L'Ecran Français*, n. 144, 30 marzo 1948

mezzo espressivo libero e duttile come ogni altro".[89] E nel 2004, Kiarostami, nel suo film-saggio *10 su Dieci*,[90] descrive la piccola videocamera digitale utilizzata per aggirare i vincoli della censura iraniana come una *penna cinematica*.

Il digitale concretizza il superamento della lentezza, della pesantezza e della rigidità del cinema, già in parte avvicinato dalle handycam[91] Hi-8 e VHS-C. In più, come detto sopra, il digitale, rispetto alla tecnologia video portatile degli anni Novanta, consente oggi anche l'edizione delle proprie riprese, prima impossibile se non tra le pareti di uno studio di montaggio perlomeno semi-professionale. Io stesso non avrei neppure potuto immaginare di girare un documentario se non avessi avuto a disposizione il digitale. L'ho sentito come l'unico mezzo per poter realizzare il mio lavoro. E' stata la condizione necessaria. Ho potuto girare perché avevo *quella* videocamera digitale, una camera MiniDV ma a spalla, stabile ma non pesante. La natura del mezzo mi ha fatto sentire la videocamera come lo strumento per far vedere i posti che volevo, per intervistare, per svolgere la mia indagine. Davvero ho avvertito il digitale come connaturato all'idea stessa di documentario.

---

[89] Cesare Zavattini, "Alcune idee sul cinema", *Rivista del cinema italiano*, Milano, Fratelli Bocca Editori, 1952, pagg. 5-19, cit. in Silvia Savorelli, "«Una fabbrica di fatti» e una valanga di bit. Le forme del documentario", in Ansano Giannarelli (a cura di), *Il film documentario nell'era digitale*, Roma, Ediesse, 2007, pag. 74
[90] *10 su Dieci* (*10 on Ten*), 2004, di Abbas Kiarostami
[91] *Handycam* è il nome commerciale con cui Sony identifica tutt'oggi i suoi camcorder amatoriali compatti. Lo si utilizza qui genericamente per indicare quella tipologia di videocamere portatili e maneggevoli (*handy*), utilizzabili appunto con una sola mano

II.3. La durata, l'attesa e l'imprevisto

D'altronde, con la sua maneggevolezza, economicità e semplicità d'uso, il digitale consente la durata, il largo respiro, l'attesa. Basta sfogliare una raccolta di saggi sul cinema documentario per trovare una voce quasi unanime tra critici e cineasti: per girare un documentario occorre tempo. Serve per conoscere l'ambiente in cui si va a girare, serve per potervi trascorre i giorni necessari. Serve tempo per conoscere coloro che saranno i personaggi del documentario e per farsi conoscere da loro, per guadagnarsi la loro fiducia, per entrare in sintonia, per spiegare loro il proprio progetto e far loro capire a cosa si vuole arrivare. Così la durata è necessaria per aspettare che davanti alla mdp la situazione evolva come progettato: nel mio caso, per attendere che l'intervista arrivi a dimostrare la mia tesi. Non sempre a questo risultato si arriva subito: talvolta capita che l'incontro con l'autore sia per l'intervistato anche l'occasione per raccontare di sé, il momento da tempo atteso che qualcuno sia disposto a mettersi in ascolto. E a volte, proprio durante una divagazione dal tema principale, può accadere che si manifesti un'*epifania*: l'intervistato racconta qualcosa di estremamente significativo, si rivela qualcosa di più di quello che potessimo credere, di un semplice personaggio introdotto nella sceneggiatura ad avvalorare una teoria di partenza. Anzi, con le sue parole, imprime maggiore intensità al flusso del documentario, quando addirittura non ne indica una nuova direzione. L'imprevisto.

Quando giravo *Iblei, una Cinecittà dietro casa* (2006), un documentario che valeva come Prova finale per la laurea triennale in *Cinema, Musica, Teatro* e che ripercorreva le location della provincia di Ragusa più visitate dal cinema, mi è accaduto di intervistare Carmelo Arezzo, giornalista e console del Touring Club, che, appassionato di cinema, aveva frequentato tutti i set cinematografici approdati nel Ragusano. Gli avevo spiegato quale fosse il filo conduttore del mio lavoro, quale l'osservazione di partenza (il paesaggio ibleo è stato portato alla ribalta del grande pubblico televisivo dalla serie *Il commissario Montalbano*) e quale la tesi che avrei voluto dimostrare: cioè che era in realtà possibile individuare una base autoriale a quel fenomeno di massa, dato che sin dalla fine degli anni Quaranta gli stessi luoghi erano già stati visitati dal grande cinema italiano, ritornando ciclicamente nei film di Germi, di Zampa, dei Taviani, di Tornatore. Questi i nomi che gli feci quando concordammo i punti che avremmo toccato durante la nostra intervista. Fu in una divagazione rispetto a questo filo conduttore che ci eravamo dati che il dott. Arezzo ritenne opportuno citare anche l'esperienza siciliana di Jean-Marie Straub e Danièle Huillet che nella nostra provincia avevano girato *La mort d'Empédocle* (1987). Fu una di quelle sorprese che si usa definire assai gradite, dato che mi permise di introdurre, in maniera del tutto inaspettata, le figure di questi autori, che avevo conosciuto personalmente, "amici" del nostro corso di laurea e di cui il prof. Lorenzo Cuccu, presidente del CMT,[92] era estimatore. "Sono queste le piccole cose, i piccoli momenti che fanno, d'un tratto, intravedere un mondo."[93]

---

[92] Il corso di laurea in *Cinema, Musica, Teatro* dell'Università di Pisa
[93] Enrica Colusso, "La documentazione di uno sguardo", in Marco Bertozzi (a cura di), *L'idea documentaria. Altri sguardi dal cinema italiano*, Torino, Lindau, 2003, pag. 70

Ma è capitato anche che, andando a intervistare Pasquale Spadola (il location manager della provincia di Ragusa) durante le prove di uno spettacolo teatrale, abbia trovato nella stessa compagnia Biagio Barone, il contadino che guida la rivolta della sua gente in *Requiem*, uno degli episodi di *Kaos* (1984) di Paolo e Vittorio Taviani.

Nello stesso pomeriggio, da qualcuno della compagnia mi arrivò anche il consiglio di rintracciare tale Giorgio Guerrieri, attore di Ragusa che mi dicevano avesse preso parte a numerosi film, ultimo dei quali la tanto discussa serie televisiva *Il capo dei capi*. Quando andai a trovarlo, l'intenzione era quella di farmi raccontare l'atmosfera di quella fiction. In realtà Guerrieri, rimasto deluso dal trattamento ricevuto su quel set, preferì parlarmi di più gratificanti episodi della sua lunghissima carriera, raccontandomi di tutta una serie di partecipazioni di cui non ero a conoscenza (*L'uomo delle stelle*, 1995, di Giuseppe Tornatore; *La donna della luna*, 1986, di Vito Zagarrio), fino a risalire alla parte ottenuta in *Kaos*, la perla che impreziosiva la sua carriera e, in maniera del tutto insperata, la mia intervista.

L'imprevisto. Tanto inatteso, quanto benvenuto. "L'imprevisto desiderato", come dice Sandra Lischi.[94] O il "disinteresse interessato",[95] quello di Alina Marazzi e della sua "montautrice" Ilaria Fraioli verso le immagini dei filmini di famiglia che ritornavano lentamente alla vita sotto i loro occhi.

---

[94] *L'imprévu desiré* di trovarsi a realizzare un video. Sandra Lischi, *Un video al castello. Diario di incontri e di lavoro*, Pisa, Nistri-Lischi, 2002, pag. 64
[95] Incontro con Alina Marazzi e Ilaria Fraioli su *Un'ora sola ti vorrei* (2002), Dipartimento di Storia delle Arti, Università di Pisa, 5 maggio 2004

Dunque, la *pazienza* come peculiarità del digitale. La possibilità, la capacità di aspettare. Il digitale libera dall'ansia della pellicola che scorre nel caricatore e mette nella condizione di attendere e accogliere l'imprevisto.

Ma anche di sollecitarlo, di creare le condizioni affinché si manifesti quel *quid*, il valore aggiunto dell'opera. D'altronde "i grandi documentari nascono dalla durata: della ricerca, delle riprese, della rielaborazione del girato",[96] sosteneva Fabrizio Grosoli, quando era responsabile dell'acquisizione e della programmazione di documentari a Tele+. E "ciò che più conta nella produzione di un documentario è la disponibilità di tempo da spendere nell'analisi della realtà che si racconta, nella conquista della fiducia dei protagonisti, nell'attesa che le storie si evolvano",[97] scrive il produttore Giuseppe Petitto. "Il talento principale del regista è quello di sapersi mettere in relazione con la realtà, con i personaggi e le loro storie, saperli provocare perché parlino, saperli ascoltare quando parlano",[98] gli fa eco il collega Carlo Cresto-Dina.

Le aperture inattese permettono anche di definire meglio i personaggi, presentarli al pubblico del documentario. Se tutto ciò che non è stato rigidamente progettato dovesse essere scartato al montaggio, non avremmo altro che una serie di individui che, uno dopo l'altro, ripetono la tesi di fondo dell'opera.[99]

---

[96] Fabrizio Grosoli, "Doc in TV. L'esperienza Tele+", in Marco Bertozzi (a cura di), *L'idea documentaria*, op. cit., pag. 351
[97] Giuseppe Petitto, "Dalla valvola al processore", in Ansano Giannarelli (a cura di), *Il film documentario nell'era digitale*, Roma, Ediesse, 2007, pag. 272
[98] Carlo Cresto-Dina, "Sia lode al gabelliere", in Marco Bertozzi (a cura di), *L'idea documentaria*, op. cit., pag. 272
[99] Cfr. Chiara Malta: "Nel documentario hai a che fare con persone che ti danno pezzi di sé. Tu stai filmando la loro vita. [...] con le persone che filmo devo

Le divagazioni sono anche le situazioni che si sono create durante la realizzazione di *questo* documentario. Durante l'intervista, Giorgio Guerrieri si sfoga e mi racconta la delusione avuta sul set de *Il capo dei capi*, quando la parte per cui si era lungamente preparato era stata tagliata e ridotta a un paio di battute, senza che gli fosse stato comunicato. Per lui è un conforto trovare qualcuno che ama il cinema che lo stia ad ascoltare. Per me è un colpo di fortuna inaspettato aver trovato un interprete di *Kaos*. C'è una sorta di scambio col soggetto. Non un venale *do ut des*, ma una vera e propria *sympátheia*, una comunanza di sentimenti e di intenti, la complicità, la reciproca fiducia di cui si parlava prima. In questi casi, girare un documentario non è mai rubare.[100]

Ma a me è capitato di assistere anche a un imprevisto nel senso pieno del termine: la sfuriata inaspettata di un regista di *Agrodolce* contro il suo aiuto, un pomeriggio che si girava in esterni. Era successo che, dopo aver dato buona una scena girata davanti "casa Granata", era stato predisposto lo spostamento di tutto il set su "esterno casa Lena", dove si era girata, come da ordine del

---

condividere (anche se in maniera molto ampia) un universo di valori e di idee sulla vita; [...] vorrei che i personaggi dei film che faccio non venissero percepiti come un tutt'uno; tento sempre di mostrare le ambiguità e le sfaccettature della gente", Leonardo Di Costanzo, Chiara Malta, "L'incertezza dello sguardo. *Conversazione tra Leonardo di Costanzo e Chiara Malta*", in Marco Bertozzi (a cura di), *L'idea documentaria*, op. cit., pagg. 162-163

[100] Cfr. cosa dice Giovanni Piperno: "Cerco sempre di fare uno scambio, di essere utile al soggetto del documentario [...] una ragazza, ha usato quest'intervista per chiedere delle cose che non aveva mai avuto il coraggio di chiedere [alla madre, NdA]: quindi ha usato noi per delle cose sue. [...] Quando si scelgono persone che non vedono l'ora di fare il documentario con te, di mettere in mostra la loro vita, allora è l'ideale".

Elena Cabria, Myriam Conti, Agostino Ferrente, Giovanni Piperno, "Senti il pubblico ridere. *Conversazione tra Agostino Ferrente/Giovanni Piperno e Elena Cabria/Myriam Conti*", in Marco Bertozzi (a cura di), *L'idea documentaria*, op. cit., pagg. 171-172

giorno, la scena successiva. Sennonché, finita di girare anche quella, il regista si era accorto che un'altra scena era prevista per quel giorno a casa Granata, lì dove un'ora e mezza prima era stato fatto smontare tutto. E quell'ordine lo aveva dato, dopo essersi consultato con lo stesso regista, l'aiuto regia. Ora, si tenga presente che uno spostamento comporta un lavoro di quarantacinque minuti / un'ora (scenografie, carrelli, binari, macchine da presa, collegamenti video, fotografia). Si può intuire che, farne uno in più, per ritornare poi al punto di partenza, significa mandare all'aria il piano di lavorazione di una giornata, significa che una scena salta. Immaginate la reazione collerica che ebbe il regista col suo aiuto quando realizzò la gravità di ciò che era stato fatto. A nulla valsero le spiegazioni del collaboratore, che due volte, prima di avallare lo spostamento, aveva fatto notare al suo superiore che sarebbero dovuti tornare lì. Ma quel regista, si sapeva, era uno che all'ordine del giorno ci buttava un occhio da lontano. Lui teneva tutto in testa. E, se così voleva, così andava fatto. Resosi conto della sciocchezza che aveva ordinato, scaricò la sua ira sul suo aiuto con la seguente motivazione (la ricordo benissimo): "E se anche io ti ho detto di fare lo spostamento, tu avresti dovuto dirmi di no. E se io ti ripetevo «Fa' fare lo spostamento», tu dovevi dirmi «No!»; e se pure ti ripetevo «Fa' lo spostamento», tu dovevi dirmi «No, sei uno stronzo, lo spostamento non si fa»". A quel punto l'aiuto regista capì che era meglio incassare il colpo senza fiatare. Ironia della sorte, era il suo ultimo giorno di lavoro, dopo mesi di irreprensibile operato.

Fu poi interessante intervistare i due protagonisti sull'accaduto: l'aiuto regia, all'indomani, a casa sua; il regista, due mesi dopo, quando ci ritrovammo per caso seduti accanto in un teatro di Catania.

Ma la lezione che imparai è che spesso ciò che è rilevante accade fuori campo, lontano dall'azione. Io stesso in quel momento stavo riprendendo il lavoro della troupe intenta a smontare, quando sentii arrivare le urla di rimprovero alle mie spalle. Mi voltai e mi trovai regista e aiuto perfettamente in campo. Tutto attorno era calato il gelo. Tutti si erano fermati a guardare. Solo io continuavo in quello che stavo facendo: filmare. In quel momento ti domandi: "Spengo la videocamera o continuo a girare? E se la lascio accesa, contravvengo forse al patto di non interferire con le vicende del set? Tradisco l'accoglienza che mi è stata accordata?". E ancora: "Continuare a filmare sarà un'operazione puramente voyeuristica?". Tutti questi interrogativi mi ponevo in quegli istanti. Finì che lasciai accesa la camera sulla spalla, ma senza inquadrare, testimone involontaria e suo malgrado di ciò che stava accadendo.

Ho riflettuto a lungo sull'opportunità di mostrare o meno questa sequenza. Mi sono interrogato sulle implicazioni etiche di questa possibilità e sono giunto alla conclusione che far vedere una persona che viene pesantemente redarguita sul posto di lavoro per una carenza non imputabile alla sua volontà o alla sua responsabilità, non è assecondare una pulsione malsana a spiare, non c'è il piacere di restare a guardare come viene umiliato un lavoratore. Ma è *il giusto racconto* di quello che può avvenire su un set. Questa scelta potrà essere fraintesa, ma peggio sarebbe non raccontare, più grave sarebbe l'indifferenza.

D'altronde "è la sorpresa, l'essere presi in contropiede che *dà sostanza vera* alla realtà che filmiamo",[101] dice Chiara Malta. Ed è da quell'episodio che ho imparato che è ciò che accade lontano dall'azione che vale la pena di raccontare: "l'essenziale e l'autentico sono fuori campo [...] c'è bisogno di una zona d'ombra, da non illuminare", ribadisce Antonio Medici riprendendo Comolli.[102] Quando il reparto di fotografia è pronto a dare luce al set e tutti i proiettori sono accesi, quello che conta rimane nell'ombra, la regia resta chiusa in una stanzetta (cfr. I.II.6). Allo stesso modo, la voce da raccogliere è quella di chi abita *attorno* al set a cielo aperto di Porticello o quella di chi attende *fuori campo* di entrare in scena ed effettuare il suo passaggio come figurazione; è la voce dell'attore Alessio Vassallo, quando *fuori dal set* smette i panni di Tuccio Cutò e racconta dei suoi rapporti con i compaesani; la voce di chi, quando lo incontra al supermercato, gli dà consigli e lo mette in guardia sulle cattive compagnie che sta frequentando il suo personaggio. La fiction ha creato una realtà attorno a se stessa ed è questa che vale la pena di raccontare in un documentario. "Film che producono film", diceva Vertov.

---

[101] Leonardo Di Costanzo, Chiara Malta, "L'incertezza dello sguardo. *Conversazione tra Leonardo di Costanzo e Chiara Malta*", in Marco Bertozzi (a cura di), *L'idea documentaria*, op. cit., pag. 165
[102] Antonio Medici, "Appare ovunque un (dis)ordine meraviglioso", in Ansano Giannarelli (a cura di), *Il film documentario nell'era digitale*, op. cit., pag. 55; cfr. anche Jean-Louis Comolli, *Vedere e potere. Il cinema, il documentario e l'innocenza perduta*, a cura di Alessandra Cottafavi e Fabrizio Grosoli, Roma, Donzelli, 2006

Da quell'imprevisto ho imparato anche che "suoni e immagini non accadono affatto insieme. [...] La frase significativa arriva, di solito, a telecamere spente, o quando il nostro protagonista è voltato di spalle".[103] Mi era già capitato fermandomi a parlare con le comparse o con qualche passante. Magari erano loro ad avvicinarsi a me, incuriositi dall'attrezzatura; e quando spiegavo loro che le mie riprese servivano per un documentario su *Agrodolce*, erano loro stessi a offrirsi di raccontare cosa succedeva in paese da quando era arrivata la soap. Ma, più di una volta, non ero riuscito a superare la loro ritrosia verso l'obiettivo e così mi ero accontentato di tenere la camera bassa per sfruttarne almeno il microfono, utilizzandola praticamente come un taccuino. Altre volte, anche quando avevano accettato di parlare, non erano poi riusciti davanti alla videocamera a ripetere con la stessa enfasi e la stessa pregnanza quello che poco prima mi avevano raccontato a microfono spento. Altre volte, infine, avevo raccolto la loro rivelazione più interessante quando, a fine intervista, credendo la camera ormai in standby, questi personaggi avevano ritrovato la loro naturalezza. Davvero allora fare un documentario vuol dire porsi in ascolto, imparare a raccogliere e custodire frammenti di frasi: di contro al reportage televisivo come trionfo dell'occhio, il documentario come arte dell'ascolto,[104] capace di accordarsi ai tempi di percezione dell'orecchio. A tal proposito, a valorizzare l'importanza della "colonna sonora" in presa diretta, di grandissima utilità mi sarebbe

---

[103] Marco Fiumara, "Il documentario e l'arte dell'ascolto", in Marco Bertozzi (a cura di), *L'idea* documentaria, op. cit., pag. 335
[104] Cfr. Marco Fiumara, "Il documentario e l'arte dell'ascolto", in Marco Bertozzi (a cura di), *L'idea documentaria*, op. cit., pagg. 335-336

stato un fonico, laddove invece ho potuto arrangiarmi al massimo con un paio di cuffie: troppe volte rivedendo un'intervista mi sono accorto che una frase perfetta era stata sovrastata da un rumore di fondo.

Peraltro, se per me una cuffia, una camera a spalla con fuoco, esposizione e zoom manuali e un treppiedi erano il minimo indispensabile, ad altri sembrerebbe assurdo utilizzare attrezzature così ingombranti per un documentario.

II.4. Definizioni e classificazioni

Basterebbe ciò per dimostrare quanto sia problematico definire il documentario, quanto difficile possa rivelarsi cercare di costringerlo entro schemi o gabbie di pensiero. Di seguito ecco alcune classificazioni incontrate durante la mia documentazione.

La definizione di documentario che più di ogni altra mi sento di condividere è quella a cui Enrica Colusso arriva attraverso un confronto: "Una delle sostanziali differenze tra la fiction e il documentario [...] è che i «personaggi» di un documentario hanno un'esistenza reale al di fuori del film."[105]

Oggi che è invalso l'uso della litote *non-fiction* per catalogare tutta una serie di generi audiovisivi non riconducibili al cinema di finzione, tra i quali naturalmente il documentario, interessante sarà prendere atto delle parole con cui Jean-Louis Comolli smorza questa distinzione dicotomica: "Si è soliti distinguere il cinema di finzione dal documentario, di opporli, di fissarli in generi

---

[105] Enrica Colusso, *La documentazione di uno sguardo*, in Marco Bertozzi (a cura di), *L'idea documentaria. Altri sguardi dal cinema italiano*, Torino, Lindau, 2003, pag. 74

determinati. Chi percorre la sequela di lotte e battaglie definita «storia del cinema» si accorge subito che questa distinzione è spesso contraddetta, sia nel sistema delle opere sia nella pratica dei cineasti - stavo per dire nei loro desideri. Da Vertov, Murnau o Flaherty fino a Kiarostami, passando per Welles, Rossellini e Godard, *la parte vitale dell'energia cinematografica circola tra i due poli opposti della finzione e del documentario* per ibridarli, intrecciarne il flusso, invertirli, farli rimbalzare l'uno nell'altro."[106]

"«Documentario» è una definizione grossolana: accettiamola per quel che vale",[107] sembra dargli ragione Grierson, caposcuola del movimento documentaristico britannico degli anni Trenta, che auspica meno dogmaticamente film che trattino creativamente la realtà.[108]

Fabrizio Grosoli afferma che "il documentario è cinema"[109] e, come tale, deve essere valutato sulla base di tre criteri: l'originalità stilistica nell'approcciarsi a un tema rilevante; un punto di vista originale e creativo; una struttura narrativa compiuta. Dall'alto della sua esperienza a Tele+ come responsabile programmazione, acquisizione e sviluppo progetti per l'area documentari, Grosoli afferma inoltre che la grandissima parte delle opere italiane può essere ricondotta a poche categorie: 1) il *documentario-ritratto*, che nasce dall'incontro con un personaggio

---

[106] Jean-Louis Comolli, *Vedere e potere. Il cinema, il documentario e l'innocenza perduta*, a cura di Alessandra Cottafavi e Fabrizio Grosoli, Roma, Donzelli, 2006, pag. 19, cit. in Ansano Giannarelli, Silvia Savorelli, *Il film documentario*, Roma, Dino Audino editore, 2007, pag. 20 (corsivo mio)

[107] John Grierson, *Documentario e realtà*, Bianco e nero, 1950, cit. in Ansano Giannarelli, Silvia Savorelli, *Il film documentario*, op. cit., pag. 22

[108] John Grierson, *Documentario e realtà*, op. cit., cit. in Ansano Giannarelli, Silvia Savorelli, *Il film documentario*, op. cit., pag. 23, 30

[109] Fabrizio Grosoli, "Doc in TV. L'esperienza Tele+", in Marco Bertozzi (a cura di), *L'idea documentaria*, op. cit., pag. 347

esemplare; 2) il *documentario di analisi storica e sociale*, che ripercorre storie paradigmatiche; 3) il *documentario-diario*, che muove da un'esperienza autobiografica; 4) quasi del tutto assente è, invece, il *film-saggio* e con esso "l'idea che un documentario possa fornire un'interpretazione generale di un problema legato alla vita contemporanea".[110]

Ivelise Perniola, invece, raccoglie le *funzioni* del documentario in quattro macro-gruppi:[111] 1) *la registrazione e la preservazione*: il documentario storico serve a conservare la memoria di eventi e personaggi, assumendo lo stesso valore di un libro o di una fotografia; 2) *la persuasione e la promozione*, finalità del documentario di propaganda, arma pericolosa asservita a un programma politico; 3) il documentario che *solleva e analizza problematiche*; 4) il documentario che si fa *espressione personale*, visione soggettiva del mondo. Esso è assimilabile al saggio o alla poesia.

Bill Nichols individua nelle opere di non-fiction sei possibili *tipi di sguardo*:[112] 1) lo *sguardo accidentale*, mosso dall'etica della curiosità; un'etica di basso profilo, legittimata però dal desiderio di conoscenza; 2) lo *sguardo impotente*, caratterizzato da passività e volto a comunicare l'impossibilità di intervenire; 3) lo *sguardo rischioso*, quello delle riprese di guerra, che fanno temere per la sorte del cineasta, visibilmente in pericolo, e aumentano l'emotività delle immagini; 4) lo *sguardo interventivo*: l'etica della

---

[110] Fabrizio Grosoli, "Doc in TV. L'esperienza Tele+", in Marco Bertozzi (a cura di), *L'idea documentaria*, op. cit., pag. 351

[111] Cfr. Ivelise Perniola, "Il cinema dicotomico", in Marco Bertozzi (a cura di), *L'idea documentaria*, op. cit., pagg. 217-218

[112] Cfr. Bill Nichols, *Representing Reality*, Indiana University Press, 1991, pagg. 78-89

responsabilità muove la partecipazione attiva dell'autore all'evento ripreso; 5) lo *sguardo umano*, quello creato dall'empatia tra il soggetto ripreso e l'autore, coinvolto emotivamente nella vicenda; 6) lo *sguardo clinico o professionale*, il più impersonale e distaccato, che mira all'oggettività al fine di accrescere il campo del sapere.

Questi tipi di sguardo permettono poi a Nichols di individuare, all'interno del genere documentario, sei diversi sottogeneri, sei differenti modalità linguistiche:[113] 1) la *modalità poetica*, quella delle grandi sinfonie urbane degli anni Venti, che enfatizza le associazioni visive e pone l'accento sulle qualità ritmiche dei passaggi descrittivi, per ricostruire frammenti del mondo in modo poetico; 2) la *modalità descrittiva*, che basa la sua forza sul commento della voce over e su di essa costruisce le sue argomentazioni; 3) la *modalità di osservazione*, quella che registra gli eventi nel momento in cui accadono e non interferisce con essi, rinunciando a qualsiasi commento o ricostruzione; è stata resa possibile dalla diffusione negli anni Sessanta delle tecnologie leggere portatili; 4) la *modalità partecipativa*, basata di contro sull'interazione tra il soggetto e l'autore, attraverso interviste dalle quali emerge il suo punto di vista; essa può fare ricorso a filmati d'archivio per ricostruire un periodo storico; 5) la *modalità riflessiva* - metanarrativa, potremmo dire - che riflette sulle convenzioni della rappresentazione stessa e le decostruisce; 6) la *modalità rappresentativa*, di forte impatto emotivo sul pubblico,

---

[113] Cfr. Bill Nichols, *Introduzione al documentario*, Milano, Il Castoro, 2006, pagg. 106-144

tipica di biografie e diari nei quali si privilegia l'aspetto personale, soggettivo, di un discorso solitamente oggettivo.

Silvia Savorelli pone invece l'attenzione sul procedimento produttivo dei film e in particolare sulla fase di raccolta dei materiali, organizzando i documentari in "forme" sulla base delle risultanze linguistiche che ne scaturiscono.[114] Si distinguono così:

I) *film documentari di ricostruzione contemporanea o storica*: è la ricostruzione di fatti reali con i personaggi reali negli ambienti reali. Un esempio per tutti, *Nanuk l'eschimese* (*Nanook of the North*, 1922), con cui Flaherty dimostra che il documentario non è solo la realtà rubata di sorpresa, anzi non è affatto inconciliabile con la messa in scena;

II) *film documentari come documentazione di eventi senza un intervento diretto sulla realtà filmata*.

In questo caso, si distinguono:

II.A) *eventi unici e irripetibili* (è il caso delle riprese di guerra), con il loro sottoinsieme *eventi unici in cui la camera non è visibile*: è il caso delle candid-camera (cfr. *Specchio segreto*, 1965, di Nanni Loy);

II.B) *eventi con un carattere continuativo*: una mattinata di pioggia in *Regen* (1929) di Joris Ivens;[115]

III) *film-inchiesta o reportage* in cui si fa l'analisi di un evento, una realtà, una persona. Vi rientrano tanto *Comizi d'amore* (1964) di

---

[114] Cfr. Ansano Giannarelli, Silvia Savorelli, *Il film documentario*, op. cit., pagg. 35-65, già esposto in maniera parziale in Silvia Savorelli, "«Una fabbrica di fatti» e una valanga di bit. Le forme del documentario", in Ansano Giannarelli (a cura di), *Il film documentario nell'era digitale*, Roma, Ediesse, 2007, pagg. 84-94. L'organizzazione in numeri romani è mia
[115] *Pioggia* (*Regen*), 1929, di Joris Ivens

Pier Paolo Pasolini quanto *Chronique d'une été* (1961) di Jean Rouch;[116]

IV) *l'intervista e la testimonianza* (cfr. *Le mystère Picasso*, 1956, di Clouzot[117] e *Jolanda e Rossellini*, 1991-1994, di Paolo Isaia e Maria Pia Melandri);

V) *film a base d'archivio*, distinguendo tra *film a base totale d'archivio* (cfr. la trilogia di Yervant Gianikian e Angela Ricci Lucchi),[118] *film a base parziale d'archivio* e film in cui i materiali d'archivio vengono utilizzati come *citazione* (cfr. *Il mio paese*, 2006, di Daniele Vicari);

VI) *film saggio*: sia *metafilm* (VI.A) cioè film sui film, che *film cortocircuito* (VI.B), quelli in cui è difficile distinguere tra cosa è documentario e cosa è finzione (cfr. *F for Fake*, 1975, di Orson Welles;[119] *À propos de Nice*, 1930, di Jean Vigo;[120] *L'uomo con la macchina da presa*, 1929, di Dziga Vertov).[121]

I *metafilm*, a loro volta, possono essere *film di finzione*, come *Otto e mezzo* (1963) di Federico Fellini o *Effetto notte* (1973) di François Truffaut;[122] possono essere *documentari*, come *La "follia" di Zavattini* (1981) di Ansano Giannarelli; possono essere *film biografici*, come *Nick's Movie* (1980) di Wim Wenders e Nicholas Ray;[123] possono infine essere *film-saggio*, come quelli di

---

[116] *Cronaca di un'estate* (*Chronique d'une été*), 1961, di Jean Rouch

[117] *Il mistero Picasso* (*Le mystère Picasso*), 1956, di Henri-Georges Clouzot

[118] *Prigionieri della guerra* (1995), *Su tutte le vette è pace* (1998), *Oh! Uomo* (2004), di Yervant Gianikian e Angela Ricci Lucchi

[119] *F come Falso - Verità e menzogna* (*F for Fake*), 1975, di Orson Welles

[120] *À propos de Nice* (*A proposito di Nizza*), 1930, di Jean Vigo

[121] *L'uomo con la macchina da presa* (*Celovek s kinoapparatum*), 1929, di Dziga Vertov

[122] *Effetto notte* (*La nuit américaine*), 1973, di François Truffaut

[123] *Nick's Movie - Lampi sull'acqua* (*Lightning over water(Nick's Movie)*), 1980, di Wim Wenders, Nicholas Ray

Chris. Marker (cfr. *Dimanche à Pékine*, 1955; *Lettre de Sibérie*, 1957; *La jetée*, 1962);

VII) *film sperimentali e di avanguardia*, in cui il rifiuto della fiction come genere industriale e come struttura narrativa approda all'ibridazione di materiali visivi eterogenei e al disinteresse verso qualsiasi sintassi cinematografica (cfr. le avanguardie degli anni Venti con Buñuel, Clair, Cocteau, Duchamp, Leger, Ray e il cinema underground statunitense degli anni Sessanta di Mekas, Anger, Brakhage).

Conclusioni

Il presente volume ha avuto come oggetto di studio la fiction televisiva *Agrodolce* e ha voluto concentrare l'attenzione sulle innovazioni apportate da questa produzione al genere della soap-opera.

Il mio percorso aveva preso le mosse dall'osservazione di alcuni elementi di originalità che, a mio avviso, allontanano *Agrodolce* dal carattere di catena di montaggio che caratterizza comunemente la lunga serialità televisiva.

Giunto al termine della mia analisi, che si è avvalsa - oltre che di un elaborato scritto - anche di una realizzazione audiovisiva, mi sembra opportuno ricapitolare i termini in cui si è attuata questa innovazione e focalizzare i punti cruciali, gli assunti a cui si è giunti nel corso di queste pagine e del documentario video che le accompagna.[124]

Agrodolce, lungi dal poter essere considerata in maniera riduttiva soltanto una soap-opera, si avvicina molto di più alla fiction televisiva per il massiccio impiego di mezzi solitamente appannaggio del cinema (carrelli, dolly, steadicam). *Agrodolce* vanta in più il superamento del plot basato sull'intrigo amoroso in favore di un'apertura delle sue storie all'attualità, che assolve alla sua vocazione *educational* e le vale l'etichetta di "romanzo popolare". La soap "made in Sicily" ha inoltre il merito di aver indicato a una delle aree del Mezzogiorno più colpite dal fallimento dell'industrializzazione, qual è quella di Termini

---

[124] Per informazioni sul documentario video è possibile contattare l'autore all'indirizzo e-mail carmelo.assenza@tin.it

Imerese, un nuovo settore economico di riferimento, quello dell'industria cinematografica. Il progetto tenuto a battesimo da Giovanni Minoli ha infatti individuato nei paesi compresi tra Palermo e la piana di Termini le condizioni per l'avvio di una produzione audiovisiva di tipo industriale.

Presupposto invidiabile per questa lungimirante scommessa è stata la possibilità di scegliere tra una varietà pressoché illimitata di ambientazioni esterne, che arricchiscono le canoniche location interne del genere soap-opera e anzi diventano l'emblema di questo set a cielo aperto che è la Sicilia. Accanto alla bellezza delle location, fondamentale è stata poi la loro dislocazione, che ha permesso di individuarle principalmente attorno ai centri di Porticello, Santa Flavia e Sant'Elia. Dunque, splendore paesaggistico-naturalistico e localizzazione strategica.

L'atteggiamento iniziale della popolazione, che aveva vissuto l'arrivo dei cinemobili con un misto di frastornamento e diffidenza verso la novità, è stato superato con l'inizio della messa in onda: la gente ha rivisto i propri luoghi in televisione e li ha scoperti più belli di quanto non le fossero mai apparsi. Sugli schermi televisivi le case sul mare, le spiagge, le scogliere e i promontori che adesso affascinano i siciliani emigrati negli Stati Uniti e la penisola tutta fino al Trentino-Alto Adige, hanno acquistato una bellezza di cui gli abitanti non erano consapevoli. *Agrodolce* ha significato pertanto anche un riscatto dei luoghi. La promozione a dignità nazionale ha comportato una rivalutazione agli occhi di chi in questi paesi c'era nato e da sempre ci aveva vissuto; di chi, assistendo alle riprese, un giorno aveva confessato a mezza voce "Io prima mi vergognavo a dire che ero di Porticello" e che ora invece esclama, anche con un senso di gratitudine verso la soap, "Io sono orgoglioso di vivere qua!"

Il mio documentario, oltre ai contributi degli addetti ai lavori, ha raccolto anche la voce di questi "cittadini di Lumera". Sono loro che hanno sviluppato un affetto forte per i loro attori (o forse per i loro personaggi); ma sono anche coloro che hanno dimostrato - in mancanza di un catalizzatore mondano, in assenza di attori assurti alla cronaca rosa nazionale - un interesse "tecnico" verso il funzionamento della "macchina cinema". Niente di più bello che vedere adulti e anziani appoggiati alle transenne desiderosi di dare un consiglio alle generazioni più giovani che al di là di quelle recinzioni stanno lavorando. Già, perché *Agrodolce* ha significato anche questo: possibilità di lavorare nel cinema per ragazze e ragazzi siciliani che quel mondo lo avevano soltanto studiato sui libri dell'università. *Agrodolce* come una nave scuola, in cui formare giovani runner, attrezzisti, operatori e assistenti alla regia a diventare direttori di produzione, scenografi, direttori della fotografia, registi.

Agrodolce è pertanto riuscita nell'impresa di rendere il cinema un fatto quotidiano in Sicilia. Aprendo la strada a tutte le produzioni che vorranno imitarne l'esempio, prendendo il bello e il meglio di questa terra - i suoi luoghi e i suoi giovani - per fare davvero della Sicilia *l'isola della fiction*.

Bibliografia generale

- Maurizio Ambrosini, Lucia Cardone, Lorenzo Cuccu, *Introduzione al linguaggio del film*, Roma, Carocci editore, 2003
- Alexandre Astruc, "Naissance d'une nouvelle avant-garde", *L'Ecran Français*, n. 144, 30 marzo 1948
- Alberto Barbera (a cura di), *Cavalcarono insieme. 50 anni di cinema e televisione in Italia*, Milano, Electa, 2004
- Paolo Bertetto (a cura di), *Introduzione alla storia del cinema. Autori, film, correnti*, Torino, UTET, 2002
- Marco Bertozzi, "Apologia dello sguardo inquieto", in Marco Bertozzi (a cura di), *L'idea documentaria. Altri sguardi dal cinema italiano*, Torino, Lindau, 2003
- Marco Bertozzi (a cura di), *L'idea documentaria. Altri sguardi dal cinema italiano*, Torino, Lindau, 2003
- Marco Bertozzi, Daniele Segre, "Il lavoro del chirurgo. *Conversazione tra Daniele Segre e Marco Bertozzi*", in Marco Bertozzi (a cura di), *L'idea documentaria. Altri sguardi dal cinema italiano*, Torino, Lindau, 2003
- Paolo Bosisio, *Teatro dell'Occidente. Elementi di storia della drammaturgia e dello spettacolo teatrale*, Milano, LED Edizioni Universitarie di Lettere Economia Diritto, 1995
- Stan Brakhage, "In Defense of the «Amateur» Filmmaker", 1967, pubblicato in *Filmmakers Newsletter*, vol. 4, n.9-10, luglio-agosto 1971

- Milly Buonanno, *Indigeni si diventa. Locale e globale nella serialità televisiva*, Milano, Comunicazione e Cultura Sansoni, 1999
- Elena Cabria, Myriam Conti, Agostino Ferrente, Giovanni Piperno, "Senti il pubblico ridere. *Conversazione tra Agostino Ferrente/Giovanni Piperno e Elena Cabria/Myriam Conti*", in Marco Bertozzi (a cura di), *L'idea documentaria. Altri sguardi dal cinema italiano*, Torino, Lindau, 2003
- Vincenzo Camerino (a cura di), *Cinema e Mezzogiorno*, Lecce, SPECIMEN edizioni, 1987
- Adriana Chemello, "La letteratura popolare e di consumo", in Gabriele Turi (a cura di), *Storia dell'editoria nell'Italia contemporanea*, Firenze, Giunti, 1997
- Enrica Colusso, *La documentazione di uno sguardo*, in Marco Bertozzi (a cura di), *L'idea documentaria. Altri sguardi dal cinema italiano*, Torino, Lindau, 2003
- Jean-Louis Comolli, *Vedere e potere. Il cinema, il documentario e l'innocenza perduta*, a cura di Alessandra Cottafavi e Fabrizio Grosoli, Roma, Donzelli, 2006
- Carlo Cresto-Dina, "Sia lode al gabelliere", in Marco Bertozzi (a cura di), *L'idea documentaria. Altri sguardi dal cinema italiano*, Torino, Lindau, 2003
- Pierpaolo De Sanctis, *Ricezioni espanse. Il film e le sue cornici*, Tesi di dottorato, Università degli Studi di Roma Tre, 2005

- Leonardo Di Costanzo, Chiara Malta, "L'incertezza dello sguardo. *Conversazione tra Leonardo di Costanzo e Chiara Malta*", in Marco Bertozzi (a cura di), *L'idea documentaria. Altri sguardi dal cinema italiano*, Torino, Lindau, 2003

- Florence Dupont, *Omero e Dallas. Narrazione e convivialità dal canto epico alla soap-opera*, Roma, Donzelli editore, 1993, trad. it. Maria Baiocchi (Florence Dupont, *Homère et Dallas*, Paris, Hachette, 1991)

- Jean-Paul Fargier, "Gli inseparabili", in Valentina Valentini (a cura di), *Intervalli tra film video televisione*, Palermo, Sellerio, 1989

- Jean-Paul Fargier, "Gli inseparabili", in Valentina Valentini (a cura di), *Le storie del video*, Roma, Bulzoni Editore, 2003

- Pino Farinotti, *il Farinotti 2009. Dizionario di tutti i film*, Roma, Newton Compton editori, 2008

- Salvatore Ferlita, "Tampasiannu e discurrennu con Andrea Camilleri", in Salvatore Ferlita, *La Sicilia di Andrea Camilleri. Tra Vigàta e Montelusa*, Palermo, Kalòs, 2003

- Fabrizio Ferraro, "Senza immagini, fare immagini", in Ansano Giannarelli (a cura di), *Il film documentario nell'era digitale*, Roma, Ediesse, 2007

- Marco Fiumara, "Il documentario e l'arte dell'ascolto", in Marco Bertozzi (a cura di), *L'idea documentaria. Altri sguardi dal cinema italiano*, Torino, Lindau, 2003

- Francesco Gabrieli (a cura di), *Le mille e una notte*, vol. I, Torino, Giulio Einaudi editore, 1948

- Gianpiero Gamaleri, "La produzione seriale", in Vito Zagarrio (a cura di), *Cine ma tv. Film, televisione, video nel nuovo millennio*, Torino, Lindau, 2004

- Ansano Giannarelli (a cura di), *Il film documentario nell'era digitale*, Roma, Archivio audiovisivo del movimento operaio democratico, Ediesse, 2007

- Ansano Giannarelli, "Per una lentezza digitale", in Ansano Giannarelli (a cura di), *Il film documentario nell'era digitale*, Roma, Ediesse, 2007

- Ansano Giannarelli, Silvia Savorelli, *Il film documentario*, Roma, Dino Audino editore, 2007

- Fabrizio Grosoli, "Doc in TV. L'esperienza Tele+", in Marco Bertozzi (a cura di), *L'idea documentaria. Altri sguardi dal cinema italiano*, Torino, Lindau, 2003

- Sandra Lischi, "Cinema e video: riletture, riscritture", in Vito Zagarrio (a cura di), *Cine ma tv. Film, televisione, video nel nuovo millennio*, Torino, Lindau, 2004

- Sandra Lischi, *cine ma video*, Pisa, edizioni ETS, 1996

- Sandra Lischi (a cura di), "Pensautori tra cinema e video", in Sandra Lischi, *cine ma video*, Pisa, edizioni ETS, 1996

- Sandra Lischi, *Un video al castello. Diario di incontri e di lavoro*, Pisa, Nistri-Lischi, 2002

- Alina Marazzi, *un'ora sola ti vorrei*, Milano, Rizzoli, 2006

- Alina Marazzi, Ilaria Fraioli, incontro su *Un'ora sola ti vorrei* (2002), Dipartimento di Storia delle Arti, Università di Pisa, 5 maggio 2004

- Robert McQueen Grant, *L'analisi strategica per le decisioni aziendali*, Bologna, Il Mulino, 1999
- Antonio Medici, "Appare ovunque un (dis)ordine meraviglioso", in Ansano Giannarelli (a cura di), *Il film documentario nell'era digitale*, Roma, Ediesse, 2007
- Enrico Menduni, "Tv commerciale e cinema. Gli anni '80" in Vito Zagarrio (a cura di), *Cine ma tv. Film, televisione, video nel nuovo millennio*, Torino, Lindau, 2004
- Franco Monteleone, "Dal cinema in tv alla tv senza cinema", in Vito Zagarrio (a cura di), *Cine ma tv. Film, televisione, video nel nuovo millennio*, Torino, Lindau, 2004
- Laura Morandini, Luisa Morandini, Morando Morandini, *il Morandini. Dizionario dei film 2003*, Bologna, Zanichelli, 2002
- Roberto Nanni, "Una ricerca d'intensità", in Marco Bertozzi (a cura di), *L'idea documentaria. Altri sguardi dal cinema italiano*, Torino, Lindau, 2003
- Jacques Nantel, "I comportamenti del consumatore", in François Colbert, *Marketing delle arti e della cultura*, Milano, Etas, 2000, trad. it. Giulia Agusto (François Colbert, *Marketing Culture and the Arts*, Montreal - Paris - Casablanca, Gaëtan Morin Éditeur ltée, 1994)
- Bill Nichols, *Introduzione al documentario*, Milano, Il Castoro, 2006
- Bill Nichols, *Representing Reality*, Indiana University Press, 1991

- Roger Odin, "L'entrata dello spettatore nella finzione", in Lorenzo Cuccu, Augusto Sainati (a cura di), *Il discorso del film*, Napoli, ESI, 1987, trad. it. (Roger Odin, "L'Entrée du spectateur dans la fiction", in Jacques Aumont, Jean Louis Leutrat (a cura di), *Théorie du film*, Paris, Albatros, 1980)
- Ivelise Perniola, "Il cinema dicotomico", in Marco Bertozzi (a cura di), *L'idea documentaria. Altri sguardi dal cinema italiano*, Torino, Lindau, 2003
- Giuseppe Petitto, "Dalla valvola al processore", in Ansano Giannarelli (a cura di), *Il film documentario nell'era digitale*, Roma, Ediesse, 2007
- Eric Rohmer, *L'organizzazione dello spazio nel «Faust» di Murnau*, Venezia, Marsilio, 1984, trad. it. Michele Canosa e Maria Pia Toscano (Eric Rohmer, *L'organisation de l'espace dans le «Faust» de Murnau*, Paris, Union général d'editions, 1977)
- Silvia Savorelli, "«Una fabbrica di fatti» e una valanga di bit. Le forme del documentario", in Ansano Giannarelli (a cura di), *Il film documentario nell'era digitale*, Roma, Ediesse, 2007
- Paolo Simoni, "Alla ricerca di immagini private. Un progetto per la memoria filmica di famiglia", in Marco Bertozzi (a cura di), *L'idea documentaria. Altri sguardi dal cinema italiano*, Torino, Lindau, 2003

- Paolo Taviani, Vittorio Taviani, con la collaborazione di Tonino Guerra, *Kaos - sceneggiatura liberamente ispirata da «Novelle per un anno» di Luigi Pirandello*, Mantova, Comune di Mantova: Assessorato alla Cultura - Circolo del Cinema - Provincia di Mantova: Casa del Mantegna, 1997

- Gino Tellini, *Filologia e storiografia da Tasso al Novecento*, Roma, Edizioni di storia e letteratura, 2002

- Valentina Valentini (a cura di), *Le storie del video*, Roma, Bulzoni Editore, 2003

- Vito Zagarrio (a cura di), *Cine ma tv. Film, televisione, video nel nuovo millennio*, Torino, Lindau, 2004

- Vito Zagarrio, "Introduzione. Da «Matrix» a «Metix»", in Vito Zagarrio (a cura di), *Cine ma tv. Film, televisione, video nel nuovo millennio*, Torino, Lindau, 2004

- Vito Zagarrio (a cura di), *Non c'è pace tra gli ulivi. Un neorealismo postmoderno*, Roma, Scuola Nazionale di Cinema - Associazione Giuseppe De Santis, 2002

- Cesare Zavattini, "Alcune idee sul cinema", *Rivista del cinema italiano*, Milano, Fratelli Bocca Editori, 1952

Webgrafia generale

- http://archiviostorico.corriere.it
- http://dspace-roma3.caspur.it
- http://books.google.it
- http://it.wikipedia.org
- http://notizie.interfree.it
- http://www.kiwido.it
- http://www.memoriadelleimmagini.it
- http://www.mymovies.it
- http://www.tuttobaviera.it
- http://www.vigata.org

Ringraziamenti

Arrivato alla fine di questo volume desidero ringraziare sinceramente quanti hanno voluto collaborare alla realizzazione del mio lavoro offrendo il proprio contributo, chi con un'intervista, chi autorizzando una ripresa, chi con la sua ospitalità. Tutti, ad ogni modo, con il loro tempo.

Sono felice che, chi non aveva il piacere di aiutarmi, liberamente abbia proseguito sulla sua strada, così che oggi non sono obbligato a tributargli una poco sentita riconoscenza.

La mia gratitudine va invece a quanti mi hanno seguito nella stesura del testo, con attenzione e pazienza.

E grazie, sempre, ai miei genitori, insostituibili maestri di vita.

Carmelo Assenza

L'isola della fiction
Agrodolce : il sapore della Sicilia nella soap

Lightning Source UK Ltd.
Milton Keynes UK
UKHW010943200921
390891UK00001B/27